MW00577732

Construyendo un matrimonio

Construyendo un matrimonio

7 elementos esenciales para una relación sólida

Compilado por
LARRY R. MORRIS

Casa Nazarena de Publicaciones

Publicado por
Casa Nazarena de Publicationes
17001 Praire Star Parkway
Lenexa, KS 66220 E.U.A.

informacion@editorialcnp.com • www.editorialcnp.com

Título original en inglés:
  Making a marriage.
  Compiled & edited by Larry R. Morris
  Copyright © 2007
  Published by Beacon Hill Press of Kansas City
  A division of Nazarene Publishing House
  Kansas City, Missouri 64109 USA

  This edition published by arrangement
  with Nazarene Publishing House
  All rights reserved

Publicado en español con permiso de
Nazarene Publishing House
Copyright © 2009
Todos los derechos reservados.

ISBN 978-1-56344-502-6

Traducción: Marcos Cisneros
Diseño de portada: Marcela Figueroa

Categoría: Vida cristiana / Matrimonio

Excepto donde se indica, todas las citas bíblicas han sido tomadas de la
Biblia Nueva Versión Internacional, 1999 de Sociedad Bíblica Internacional.

Excepto para breves citas, ninguna parte de este libro puede ser reproducida, almacenada o transmitida en cualquier forma o por cualquier medio sin la previa autorización escrita de la editorial.

Contenido

Prefacio

"¡Simplemente no está funcionando! Aquí estamos, casados por menos de un año. Nuestras vidas están llenas, pero nuestro matrimonio está vacío". Qué punto de partida para una joven pareja cristiana que comparte el amor de Dios pero encuentra poco tiempo para alimentar ese amor entre ellos.

"Los hijos se han ido y yo también", fueron sus últimas palabras. Su marido quedo boquiabierto mientras ella pasaba junto a él hacia la puerta. Habían compartido 29 años de vida matrimonial, sirviendo en la comunidad, siempre presentes en la iglesia y dando sus vidas para el futuro de sus hijos. Ahora, tan pronto como el hijo menor se graduó de la universidad, el matrimonio se terminó.

• • •

Con historias como éstas, que han llegado a ser cada vez más comunes para los que profesan ser cristianos, es fácil ver por qué muchos creen que la vida cristiana hace muy poca diferencia, o ninguna, en la satisfacción y duración matrimonial y que el índice de divorcios es el mismo para los cristianos como para los no cristianos.

Este tipo de relatos es repetido por muchas de las parejas que cada año marchan del matrimonio al divorcio. Sin embargo, estudios profundos y confiables revelan que los cristianos cuyos matrimonios están fundados sobre principios bíblicos y apoyados por la comunidad de fe, son sustancialmente más saludables y más satisfactorios que aquellos que tratan de hacerlo por sí mismos.

Construyendo un matrimonio fue escrito para las parejas que quieren lograr su máxima satisfacción matrimonial. Reconoce la necesidad de ambas cosas, una relación personal vital con Dios y una relación creciente con una iglesia local. *Construyendo un matrimonio* toca los asuntos que afrontan las parejas jóvenes y maduras, desde un punto de vista bíblico. Escrito por educadores y profesionales acreditados, está diseñado para educar, animar y promover prácticas matrimoniales saludables.

Introducción

De acuerdo a Génesis, Dios es el autor del matrimonio. Hoy en día, dado al valor que el matrimonio tiene para los hijos y la sociedad, y el creciente índice de divorcios entre los cristianos, es vital que las parejas intencionalmente se dispongan a lo largo de su vida para la tarea de construir un matrimonio cristiano.

Construyendo un matrimonio contiene los principios fundamentales que ayudan a construir una relación sólida y duradera. Es un excelente recurso para ayudar a todas las parejas a comprender el fundamento bíblico del matrimonio, honrar sus votos durante toda la vida, mejorar la relación con su cónyuge y contrarrestar las influencias destructivas de nuestra cultura.

Construyendo un matrimonio es ayuda a las parejas, ya sea que estén considerando casarse, recién casadas, casadas hace muchos años, atravesando problemas de comunicación, asuntos de intimidad o simplemente deseando hacer de un buen matrimonio algo mejor.

Construyendo un matrimonio presenta en cada capítulo un elemento esencial para construir una relación sólida: (1) El plan de Dios para el matrimonio, (2) el compromiso, (3) la comunicación, (4) la resolución de conflictos, (5) el estrés, (6) la intimidad matrimonial y (7) la vida espiritual de la pareja.

Construyendo un matrimonio ha sido escrito por educadores y reconocidos expertos en el campo del matrimonio y la familia. Usted descubrirá que cada capítulo está bien escrito y se caracteriza por una íntegra erudición, precisión bíblica y una perspectiva de santidad.

Construyendo un matrimonio, puede ser usado por una pareja o en grupos pequeños. Para ello, hay disponible una guía para líderes, la cual está diseñada para ayudar a las parejas a desarrollar habilidades matrimoniales saludables. La guía explora los temas de los capítulos a través de ilustraciones, diálogos y ejercicios prácticos.

Ya verá como usted, su grupo pequeño o su iglesia pueden re-emplazar las tendencias culturales destructivas de nuestra sociedad con el vínculo original de Dios: el matrimonio.

1 Una perspectiva bíblica del matrimonio

ROGER L. HAHN

ELLA ERA LA "BEBITA DE LA CASA" *criada en una familia amorosa y cálida; él era el quinto de nueve hijos criados en un hogar austero y no cristiano. Ella era de la ciudad, y él era del campo. Ella era mimada y protegida, mientras él trabajaba la tierra y se esforzaba por todo lo que tenía. Ella tenía educación superior y él tuvo muy poca oportunidad de educación además de la escuela secundaria. Ella amaba la música clásica y él amaba la música popular.*

Ellos se conocieron y se casaron. Ella tenía 19 años y él 25. Ella esperaba rosas y romances y él esperaba comida hecha en casa y una esposa sumisa.

Las estadísticas dirían que no habría mucha esperanza para este matrimonio. Pero ambos amaban a Dios y buscaron dirección en la Biblia.

La Biblia no tiene una sección especial titulada "Principios bíblicos para el matrimonio", así que, descubrir los principios bíblicos para el matrimonio no es tan fácil como sentarse y ponerse a leer la Biblia. En realidad, descubrimos las enseñanzas bíblicas sobre el matrimonio mientras vamos leyendo sus páginas, muchas veces escuchando las enseñanzas como música de fondo cuando el autor está hablando acerca de otros asuntos. Mientras leemos juntos, escuchemos los acordes más prominentes en ésta importante música de fondo.

LAS ENSEÑANZAS DEL ANTIGUO TESTAMENTO ACERCA DEL MATRIMONIO

El Antiguo Testamento revela una parte significativa de su visión acerca del matrimonio en los primeros capítulos de Génesis. Algunos han afirmado que, más que ninguna otra institución humana, el matrimonio se remonta hasta la misma activad de Dios en la creación. Pero antes que continuemos, veamos un bosquejo general de cómo nos aproximaremos a Génesis.

Génesis 1: La relación del hombre y la mujer

Génesis 2: La cuestión del matrimonio

Génesis 3: Pecado y matrimonio

Génesis 1

Génesis 1 describe la creación humana como una extensión de la misma naturaleza de Dios. El narrador del primer capítulo de la Biblia nos dice que Dios dijo: "Hagamos al ser humano a nuestra imagen y semejanza" (Génesis 1:26).[i] Con frecuencia "ser humano", en hebreo es *adam,* se ha traducido como "hombre". La palabra hebrea para *adam* significa ser humano o la humanidad. *Adam* no es usado para diferenciar el masculino del femenino, aunque con frecuencia, en la cultura hebrea es usada para referirse a un varón.

La primera declaración acerca del ser humano que se encuentra en las Escrituras es que somos creados a imagen de Dios. Mientras que hay especulación acerca de lo que significa "creados a la imagen de Dios", es a lo menos una clara afirmación del valor humano. Ese valor se aplica a cualquier ser humano, hombre o mujer.

En Génesis 1:26 Dios propone la creación del ser humano. En el versículo 27 leemos: "Y Dios creó al ser humano a su imagen; lo creó a imagen de Dios. Hombre y mujer los creó". Mientras que todavía no se describe la relación matrimonial, este versículo claramente hace la diferencia entre los sexos, hombre y mujer, y revela que ellos están unidos en una manera especial. Esta proclamación bíblica subraya que tanto el hombre como la mujer son total e igualmente humanos. También declara que ambos, hombre y mujer, participan igualmente en la imagen de Dios. Uno no es creado a la imagen de Dios más que el otro. Esta es una verdad que debemos recordar cuando estamos discutiendo con nuestro cónyuge acerca de las características comunes entre los sexos, lo cual nos frustra.

Exploremos un poco más allá esta importante lección al observar algunos versículos de la Biblia. En los versículos 28-29 se preserva y desarrolla la unidad y singularidad del hombre y la mujer a través del uso de pronombres plurales. El versículo 28 principia con el comentario "y *los* bendijo con estas palabras". Note que el hombre y la mujer, juntos, recibieron la bendición y el mandato de Dios.

A continuación leemos el mandamiento: "Sean fructíferos y multiplíquense; llenen la tierra y sométanla; dominen a los peces del mar y a las aves del cielo". Nótese que también este mandamiento es dirigido tanto al hombre como a la mujer. A ambos, hombre y mujer, se les ha encomendado ser socios en el cumplimiento del mandato de Dios. Con claridad Dios está hablando del matrimonio cuando manda al hombre y a la mujer a ser fructíferos, a multiplicarse y llenar la tierra. Este mandamiento de producir descendencia incluye el mandato de ser buenos mayordomos de la creación. La creación de Dios y sus recursos deberían ser cuidados con el entendimiento de que son de Él, y son un préstamo para la pareja. Una vez más, estos mandamientos son dados al hombre y a la mujer, igualmente y juntos. Este mandamiento es para cada uno personalmente y para ambos como una pareja unida. Ninguno de los dos puede evadir la responsabilidad de la mayordomía. Cada uno deberá cumplir personalmente con su mayordomía.

De acuerdo con Génesis 1, ambos, marido y mujer, juntos deberán ser obedientes a Dios. También vislumbra las relaciones sexuales, que traerán como resultado a los hijos. Sin embargo, los hijos no son el propósito final del matrimonio. De acuerdo a la Escritura, los hijos son medios por los cuales el hombre y la mujer hacen extensiva su mayordomía de la creación hacia todo lo que Dios ha hecho.

Es interesante que, en Génesis 1, no hay ningún rasgo de jerarquía entre el hombre y la mujer. Juntos, hombre y mujer ejercerán control o dominio (incluso señorío) sobre el orden creado.

Génesis 2

El relato de la creación en Génesis 2 provee un cuadro aún más específico de la visión de Dios en cuanto al matrimonio. El planteamiento del capítulo 2 se mueve hacia la creación de la mujer y la visión de "un solo ser" (una sola carne) relación que vendrá a ser el modelo del matrimonio en el Nuevo Testamento. Las traducciones más tradicionales oscurecen el desarrollo de este planteamiento por la confusión entre las palabras "hombre" y "varón" significando *ser humano*. Usted verá lo que quiero decir al observar más de cerca este pasaje al ser traducido del texto hebreo. Note especialmente las palabras en cursivas.

Génesis 2:5 declara que "no había ningún ser humano [*adam*] para cultivar la tierra. Entonces el versículo 7 declara que "Dios el Señor formó al ser humano [*adam*] del polvo de la tierra, y sopló en su nariz hálito de vida, y el ser humano se convirtió en un ser viviente".

Después de describir el Jardín que Dios había creado, Génesis 2:15 declara que el Señor Dios puso al ser humano (*adam)* en el Huerto del Edén para administrarlo. El versículo 16 hace notar que Dios mandó al ser humano (*adam*) a no comer del árbol del conocimiento del bien y del mal. Un punto clave en el argumento aparece en Génesis 2:18 cuando Dios el Señor dijo: "No es bueno que el ser humano (*adam)* esté solo. Voy a hacerle una ayuda adecuada".

Hasta este punto no ha habido ninguna mención de hombre o mujer. Es el ser humano quien es creado del polvo de la tierra y a quien se le da la tarea de cuidar la tierra. Es el ser humano quien no deberá estar solo y para quien Dios hará una ayuda adecuada. No es el hombre quien está solo y necesita una ayuda, o la mujer quien está sola y necesita una ayuda. Es la persona humana –cualquier ser humano- quien está solo y necesita ayuda. Y Dios promete crear dicha ayuda para el solitario y necesitado ser humano.

La promesa de una "ayuda" es descrita por la palabra hebrea *'ezer*. Esta ayuda no es un ser secundario o inferior para venir a estar al lado del hombre para proveer apoyo. Esto se hace claro cuando miramos en otros pasajes que usan esta misma palabra. Por ejemplo, los salmos repetidamente mencionan a Dios mismo como el ayudador (*'ezer*) de su pueblo. El *'ezer* es una poderosa y fuerte ayuda, quien apoya y suple lo que el otro necesita.

El hecho de que Dios el Señor se compromete a sí mismo a formar esta ayuda, muestra que Dios reconoce que Él mismo no es la ayuda necesaria. La ayuda que Dios proveerá será la "adecuada" para el ser humano. Uno también podría traducir el término "adecuada" como "paralela". Dios proveerá una ayuda paralela a, o en el mismo nivel como, el mismo ser humano solitario y necesitado. Hasta ahora, ni el término "hombre" ni "mujer" han aparecido en Génesis 2, y no hay mención de jerarquía de género.

En Génesis 2:19-24 leemos acerca de la búsqueda para esta ayuda. El ser humano (*adam*) no es la única creación de Dios de entre el polvo (*adamah*); todos los animales del campo y las aves del cielo también fueron formados del polvo. Así Dios el Señor trae todos los animales al ser humano (*adam*) para que el ser humano les dé un nombre. En tres ocasiones Génesis 2:19-20 habla del ser humano dando nombre a los animales. En la cultura de los antiguos semitas, el dar nombre era un acto de dominio y subyugación. El narrador concluye en el versículo 20: "Sin embargo, no se encontró entre ellos la ayuda adecuada para el hombre". Los animales no solamente no son ayuda adecuada para el ser humano, sino que también son claramente inferiores al ser humano quien les dio nombre.

Esta historia se aproxima a su clímax. De acuerdo con el versículo 21, Dios el Señor, puso al ser humano (*adam*) en un sueño divinamente provocado y tomó del costado (o costilla) del ser humano y cerró la carne. De acuerdo con el versículo 22, Dios entonces formó del costado (o costilla) del ser humano una mujer (*isha*) y la trajo al ser humano (*adam*). No es sino hasta este punto del planteamiento que los diferentes géneros son mencionados. Veamos algo del diálogo.

El ser humano (*adam*) en el versículo 23 responde a la mujer con reconocimiento y afirmación del hecho que ellos se pertenecen el uno al otro: "Ésta sí es hueso de mis huesos y carne de mi carne Se llamará 'mujer' [*isha*] porque del hombre fue sacada [*ish*]". El versículo 23 es una clara afirmación que la ayuda que Dios hizo es especialmente para el compañerismo con el hombre.

La Escritura entonces concluye en Génesis 2:24 con la declaración que el hombre (*ish*) dejará a su padre y madre y se unirá a su mujer (*isha*) y ambos serán un solo ser. La conclusión obvia es que el matrimonio es el propósito por el cual Dios creó al hombre y a la mujer. La palabra hebrea en el versículo 24 generalmente traducida "juntar" o "unir" o "apegarse a" es usada en el Antiguo Testamento como atar objetos juntos, o abrocharse un cinturón, una cercana asociación, y de continuas relaciones. Esto implica tanto la cercanía como la permanencia de la relación.

El versículo 24 declara algunas de las más memorables palabras describiendo el punto de vista bíblico acerca del matrimonio: "Y los dos se funden en un solo ser". Parte del significado de llegar a ser un solo ser se refiere a la unión sexual y a los hijos quienes son el resultado. Pero ninguna persona hebrea del periodo bíblico habría limitado la visión de un solo ser a una simple unión física o sexual. Ser representa a la persona en su totalidad, con dimensiones físicas, espirituales, emocionales e intelectuales.

Llegar a ser un solo ser, en una manera bíblica, habla de una pareja unida en todas las dimensiones de la vida, complementándose el uno al otro y juntos llegando a ser más fuerte que cualquiera de ellos individualmente. Llegar a ser un solo ser no significa que cada cónyuge contribuye igualmente en cada una de las dimensiones de la vida. Mejor dicho, en el matrimonio, cada cónyuge se da completamente a sí mismo haciendo de éste la relación humana más importante, (tal como la de sus padres).

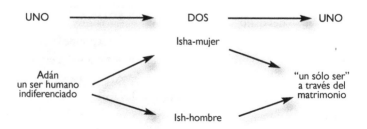

El fundirse en un solo ser, reúne otra vez al hombre (*ish*) y a la mujer (*isha*) quienes fueron diferenciados por Dios en la creación de la mujer. De manera que, Génesis 1-2 pinta un cuadro de la creación humana la cual simplemente principia con el ser humano (*adam*), a quien Dios diferencia entre mujer (*isha*) y hombre *(ish)* y luego, se funden en un solo ser, la pareja en matrimonio. Sin menospreciar o deshumanizar a las personas que están solteras ya sea por decisión propia o no, Génesis describe como una progresión de uno a dos a uno lo que significa ser humano.

En la mente hebrea, para ser totalmente humano hay que ser diferenciados sexualmente como hombre o mujer y estar unidos por medio del matrimonio. Esta unidad, de hombre y mujer en matrimonio, contiene todo lo que Dios diseñó para que fuera la humanidad. La declaración de Génesis 2:18 establece, "No es bueno que el ser humano esté solo". El matrimonio provee todos los medios por los cuales la visión de Dios se cumple haciendo al ser humano completamente realizado.[2]

La declaración final de Génesis 2, también es importante para entender la visión de Dios acerca del matrimonio. El versículo 25 concluye el capítulo con el comentario: "El hombre [*ish*] y la mujer [*isha*] estaban desnudos, pero ninguno de los dos sentía vergüenza". Dada la normal preocupación del Antiguo Testamento por la desnudez y vergüenza, ésta es una dramática declaración de vulnerabilidad y confianza. Este versículo visualiza a un matrimonio caracterizado por una total apertura y confianza. Tal relación nunca podrá ser de un solo lado. Es el cuadro de dos cónyuges situándose a sí mismos (emocional, espiritual, física e intelectualmente) en las manos de la otra persona con la confianza que no serán traicionados ni lastimados.

Génesis 3

Génesis 3 revela que la caída puso de cabeza la visión de Dios acerca del matrimonio. El resultado inmediato de la desobediencia al mandamiento de Dios de la primera pareja es la conciencia de su desnudez y vergüenza (vv.7,10). La desobediencia destruye la mutua vulnerabilidad y confianza, lo cual ha sido el clímax de la creación de Dios para el matrimonio. Se ha perdido el sentido de mutualidad y compañerismo que era la visión central de Dios para el matrimonio. La consecuencia de la desobediencia, específicamente para la mujer, sería dolor al dar a luz a sus hijos (v.16). De manera que, la más íntima expresión de un solo ser (la unión sexual) llevaría hacia el dolor por causa del pecado.

Aún más, el hombre (*ish*) de la mujer gobernaría o tendría dominio sobre ella. Otro resultado del pecado es la pérdida de la relación complementaria. En su lugar llegó el dominio, la jerarquía y la lucha por el poder. La Escritura ilustra esta verdad en Génesis 3:20, aunque uno debe entender la cultura para reconocer el significado de ese comentario. "El hombre [*ish*] le dio el nombre de Eva a su mujer [*isha*]". En la cultura antigua semita, dar nombre a alguien era un acto de dominio o poder, reclamando la autoridad para definir y determinar el destino de aquel a quien se le daba nombre. Recuerde que el hombre no había dado nombre a la mujer antes de la caída. Darle nombre a ella fue el primer acto de subyugación.

Génesis 3 también marca la transición de la visión de Dios acerca del matrimonio hacia las descripciones de los matrimonios en el Antiguo Testamento. Es en este punto que debemos considerar qué determinará nuestra visión del matrimonio. ¿Optaremos por hacer de los resultados de la caída –matrimonios caracterizados por la jerarquía, el conflicto, la lucha por el poder, falta de vulnerabilidad e intimidad y dominio- la meta hacia la cual nos esforzaremos en nuestros matrimonios? O será que ¿optaremos por la visión del matrimonio caracterizado por el amor, el compañerismo, la confianza, la intimidad y mutualidad, para lo cual Dios creó a los seres humanos, como nuestra visión y meta? Ciertamente las personas que creen que el poder santificador de Dios puede renovar la imagen divina dentro de nosotros, no podrán estar satisfechas con una visión del matrimonio determinado por el pecado y la caída.

Como personas que creemos en el poder transformador y santificador de Dios, debemos vivir por encima de las expectativas sociológicas, sicológicas y culturales del matrimonio. Aun a pesar de lo que nuestra cultura nos enseñe acerca del matrimonio, el pueblo santo se levanta bajo el llamado de Dios. Nosotros debemos vivir nuestros matrimonios en mutualidad, complementando las fortalezas y debilidades del uno al otro, siendo ambos vulnerables y confiables, descubriendo la seguridad y recibiendo respetuosamente los dones de la intimidad.

El pacto matrimonial

Uno no debe suponer que la visión del matrimonio desaparece del Antiguo Testamento con Génesis 3. Hay ejemplos en los cuales podemos captar destellos de la visión de Dios en cuanto al matrimonio. Hay momentos en los cuales el matrimonio de Abraham y Sara, Isaac y Rebeca, Jacob y Raquel, y Ruth y Booz reflejan la visión de Dios acerca del matrimonio. Pero desafortunadamente con más frecuencia descubrimos la influencia del pecado y la cultura caída, tornando los matrimonios en simples contratos y luchas destructivas de poder. Sin duda, esto es el por qué temprano en la cultura hebrea, se hizo necesario desarrollar leyes para el divorcio para evitar que los casados se destruyeran el uno al otro completamente.

Aunque algunas pistas están presentes en Génesis 2, no es sino hasta que llegamos al último libro del Antiguo Testamento que encontramos el matrimonio descrito como un pacto. El texto hebreo de Malaquías 2:14,16, es difícil de comprender, pero la remarcada suposición del matrimonio como un pacto es clara.

Entonces, ¿qué es un pacto? El concepto bíblico de pacto es una manera de describir una relación. El pacto con más frecuencia mencionado en el Antiguo Testamento es el pacto del Sinaí entre Dios e Israel. Este pacto describe la relación de Dios e Israel en términos de su historia compartida, sus expectativas compartidas y las consecuencias que vendrían si esas expectativas no eran cumplidas. Estas características del pacto del Sinaí también se aplican al pacto del matrimonio.

Historia compartida

El pacto establecido en el Monte Sinaí entre Dios e Israel principia con la revisión de su historia compartida (resumida en Éxodo 20:2) donde Dios afirma que fue Él quien sacó a Israel de Egipto. Así como los eventos históricos que unieron a Dios con Israel para establecer un pacto, un pacto de matrimonio es edificado sobre las memorias de las historias compartidas. Muchos consejeros contemporáneos dan consejos a las personas para fortalecer sus matrimonios recordando y reconstruyendo los eventos que unieron a la pareja.

Mutuas expectativas

Los Diez Mandamientos, así como los muchos estatutos y ordenanzas encontradas en Éxodo 20-23, constituyen las expectativas que definen el pacto de relación entre Dios con Israel. El Antiguo Testamento con frecuencia resume esas expectativas con las palabras de Dios "Yo seré su Dios, y ustedes serán mi pueblo". Estas declaraciones revelan la mutualidad del acuerdo del pacto. Israel, como el pueblo de Dios, tendría que cumplir con un conjunto de expectativas. Y Dios, como el regidor divino de Israel, tendría que cumplir con un conjunto de expectativas hacia Israel. De una manera similar, el pacto del matrimonio está edificado alrededor de mutuas expectativas. Cuando las expectativas se tornan unilaterales, el pacto es amenazado.

Consecuencias

El pacto entre Dios e Israel incluye una sección en ocasiones descrita como "bendiciones y maldiciones" (ejemplo: Deuteronomio 27-28) y señala las consecuencias de guardar o quebrantar el pacto. Así como el pacto del Sinaí tenía sus consecuencias, también el pacto del matrimonio las tiene. De hecho, el punto de Malaquías 2:10-16 es que el quebrantar la confianza del otro en el pacto matrimonial tiene la consecuencia de minar la adoración de Israel. Fallar en mantener la mutualidad y vulnerabilidad en el matrimonio tiene consecuencias espirituales negativas en términos de la habilidad de uno para relacionarse íntimamente con Dios.

Ya sea que usted obtenga su visión del matrimonio al observar la creación o el contrato del pacto, el Antiguo Testamento presenta un punto de vista valioso del matrimonio. Los elementos claves en esta visión del matrimonio son fidelidad, mutualidad, intimidad, confianza y vulnerabilidad. Fácilmente podríamos llegar a la conclusión que esta visión bíblica del matrimonio es demasiado alta; que estar en dicha relación es imposible para el ser humano normal viviendo en un mundo pecaminoso. Sin embargo, antes de que saltemos a dicha conclusión, primeramente reconozcamos que este punto de vista del matrimonio está basado en parejas obedientes a Dios y que ejercitan un gran compromiso de gracia el uno para con el otro. Estos dos factores son esenciales y cruciales.

LA PERSPECTIVA DEL NUEVO TESTAMENTO ACERCA DEL MATRIMONIO

Las enseñanzas del matrimonio en el Nuevo Testamento están firmemente fundamentadas en el Antiguo Testamento. En el Nuevo Testamento es citado Génesis 2:24 cuatro veces, dos por Jesús en los evangelios y dos por Pablo en sus cartas. Aparte de 1 Pedro 3:1-7, todas las enseñanzas explícitas sobre el matrimonio, en el Nuevo Testamento, están dadas por Jesús en los evangelios y por Pablo en sus cartas. Las enseñanzas de Jesús sobre el matrimonio vienen en el contexto de discusiones del divorcio promovidas por sus adversarios y enemigos.

El divorcio era un tópico candente durante los tiempos de Jesús. Como resultado, en numerosas ocasiones, la gente le preguntaba a Jesús acerca de su posición sobre el divorcio. Las respuestas de Jesús a estas preguntas aparecen en los evangelios de Mateo y Marcos. Desafortunadamente, nadie le preguntó a Jesús acerca de lo que constituía un buen matrimonio.

Mateo 19:3-12 y Marcos 10:2-12 parecen estar describiendo el mismo evento, a pesar de que los dos evangelios no registran exactamente la conversación de la misma manera. Ambos evangelios principian con una pregunta de parte de los fariseos con la intención de "probar" a Jesús. La pregunta era: "¿Está permitido que un hombre se divorcie de su esposa?" Mateo 19:3 añade las palabras "por cualquier motivo". El contexto de la pregunta era el continuo debate entre dos escuelas rivales de los fariseos acerca del divorcio. Ambos grupos apelaban a Deuteronomio 24:1-4, el cual habla de un esposo dando a su esposa una carta de divorcio al no encontrar ella favor (o gracia) ante los ojos de él porque hay algún "asunto indecente" concerniente a ella. Ambos grupos o escuelas, Hilel y Samai, debatían sobre qué podría ser ese "asunto indecente".

La escuela de Samai consideraba que el asunto indecente era infidelidad sexual o marital. La escuela de Hilel tomó un punto de vista más amplio en cuanto al asunto y lo interpretaba como simplemente que cocinaba mal, descuidada con la casa o la falta de atractivo. Es claro que la escuela de Hilel tenía un muy bajo punto de vista del matrimonio, trivializándolo hasta el punto que a un hombre que veía a una mujer más atractiva que su esposa le era permitido divorciarse de su esposa para casarse con la otra mujer más atractiva.

Cuando se le preguntó a Jesús acerca de las razones por las cuales un hombre podría divorciarse de su esposa, Él tornó el enfoque de Deuteronomio 24 a Génesis 1-2. Su respuesta está registrada en Mateo 19:4, en dónde Jesús recita Génesis 1:27: "Hombre y mujer los creó". Después él cita Génesis 2:24, el cual llama al hombre a dejar a su padre y a su madre, y unirse a su mujer, para llegar a ser un solo ser. Jesús entonces comenta, "Así que ya no son dos, sino uno solo. Por tanto, lo que Dios ha unido, que no lo separe el hombre" (Mateo 19:6).

Jesús reafirma la visión del matrimonio primeramente dada en Génesis y describe el matrimonio como la unión (yugo) del esposo y la esposa hecha por Dios. La imagen de Dios uniendo en yugo al esposo y la esposa es instructiva. Primeramente, esta ilustración elimina cualquier sentido de jerarquía en el matrimonio. Dos bueyes están en el yugo, uno lado del otro. Ellos trabajan paralelamente y dan pasos juntos el uno con el otro. En segundo lugar, hay una jerarquía y subyugación (a Dios). La pareja casada deberá estar sujeta a Dios como el que coloca el yugo del matrimonio sobre ellos. No sea que pensemos que esta imagen refleja al matrimonio como una carga terrible (yugo). Los judíos del tiempo de Jesús hablaban del pacto como un yugo. Y Jesús describió el discipulado como tomar su yugo (Mateo 11:28-30). Por lo tanto, Jesús ve el matrimonio como una relación mutua y complementaria en la cual ambos cónyuges están sujetos a Dios.

Jesús también declara que las personas no deben separar lo que Dios ha unido. La gramática del griego es más fuerte que la mayoría de las traducciones de lo que Mateo 19:6 implica. Podríamos decir que Jesús declara como un imperativo que las personas no separen lo que Dios ha unido en yugo. En términos simples y directos, Jesús estaba enseñando lo indisoluble del matrimonio.

La enseñanza de Jesús está apelando a personas felizmente casadas. Las personas que están infelizmente casadas o quienes tienen un bajo punto de vista del matrimonio, encuentran la idea de lo indisoluble del matrimonio como algo severo y restrictivo. Los fariseos hablaban desde dicha perspectiva con su pregunta en Mateo 19:7. La respuesta de Jesús es importante. Él declara que Moisés permitió el divorcio por causa de la dureza del corazón humano pero que el divorcio nunca fue la intención de Dios para el matrimonio.

Es importante reconocer lo que Jesús está haciendo en este pasaje. Él no está prohibiendo el divorcio: en vez de eso, Él lo nombra por lo que es, un fracaso de lograr la intención de Dios para el matrimonio por causa de lo pecaminoso y quebrantado de la humanidad. De esta manera Jesús establece un punto de vista del matrimonio extremadamente alto, pero reconoce que los seres humanos algunas veces se encuentran así mismos en circunstancias en donde ese alto punto de vista del matrimonio no puede ser realizado por causa del pecado y el quebrantamiento. Esta enseñanza corresponde con la experiencia de la gente. Ninguna persona emocionalmente sana celebra el divorcio, pero a veces esa persona reconoce que por causa del pecado y el quebrantamiento humano de los principios de Dios el divorcio es lo menos dañino entre las dos opciones; ninguna de ellas era la intención original de Dios ni de la persona.[3]

Las enseñanzas del apóstol Pablo acerca del matrimonio

La enseñanza de Pablo concerniente al matrimonio aparece de una manera más centrada en 1 Corintios 7 y Efesios 5:22-31. Ambos pasajes son complejos y han generado tanta confusión como ayuda. Ellos son parte de la razón por la cual mucha gente cuestiona el punto de vista de Pablo en cuanto al matrimonio.

En 1 Corintios 7:1 encontramos la provocativa declaración "Es mejor no tener relaciones sexuales". Esto sugeriría ciertamente un mal punto de vista del matrimonio de parte de Pablo. Sin embargo, el versículo 1 principia con las palabras: "Paso ahora a los asuntos que me plantearon por escrito". Estas palabras principian una sección extendiéndose al menos hasta 1 Corintios 14, en la cual el apóstol responde a los asuntos planteados por los corintios en una carta enviada a él. Es muy probable que las palabras: "Es mejor no tener relaciones sexuales" sea en respuesta a cuestiones planteadas en la carta de parte de los corintios, porque las palabras de Pablo en los versículos siguientes describen un diferente punto de vista del matrimonio.

La respuesta del apóstol en el versículo 2 es que cada hombre debe tener su propia esposa y cada mujer debe tener su propio esposo. La razón de esto es para prevenir la inmoralidad sexual.[4] El versículo 3 declara que cada esposo debe cumplir su deber conyugal hacia su esposa y que cada esposa debe cumplir su deber conyugal hacia su esposo. La razón para esto es declarada en el versículo 4: "La mujer ya no tiene derecho sobre su propio cuerpo, sino su esposo. Tampoco el hombre tiene derecho sobre su propio cuerpo, sino su esposa".

El contexto inmediato sugiere que el deber conyugal que los cónyuges se deben uno al otro es una relación sexual. Sin embargo, el contexto más amplio sugiere que la obligación incluye todo aquello que viene bajo la visión del matrimonio presentada en Génesis 2. Un esposo le debe a su esposa todas sus habilidades físicas, sexuales, emocionales, espirituales e intelectuales, y la esposa le debe a su esposo todas sus habilidades físicas, sexuales, emocionales, e intelectuales. Es especialmente sorprendente, en los versículos 3-4, la completa mutualidad de esta obligación entre los esposos. Dadas las costumbres de la cultura judía y las prácticas de la sociedad griega y romana, las palabras de Pablo requiriendo absoluta mutualidad son sorprendentes.

El apóstol parece estarse dirigiendo a individuos en Corinto, quienes consideran la actividad sexual, aun dentro del matrimonio, como degradante o no espiritual. Pablo estaba preocupado porque las personas casadas que aceptaban tal acercamiento pondrían una presión sexual inapropiada sobre sus cónyuges. Por lo tanto, él prohíbe a los creyentes casados privar de las relaciones sexuales a sus cónyuges aun con propósitos de oración (v.5) excepto por períodos cortos de tiempo y por mutuo consentimiento.

En diversas ocasiones en el capítulo 7, Pablo recomienda la soltería y el celibato para aquellos que están capacitados (dotados). El propósito de tal decisión es incrementar la dedicación para el ministerio. En 1 Corintios 7:29-35 declara que las personas casadas tienen obligaciones para con sus cónyuges y familias. Las personas solteras están libres de dedicarse a sí mismos y al evangelismo sin ninguna distracción. Pablo creía que la soltería era una buena opción a la luz de su confianza que "el tiempo se había acortado".

Pablo creía que la segunda venida era inminente, por lo tanto él creía que la soltería, a diferencia del matrimonio, era una manera más eficiente de prepararse para la segunda venida de Cristo. No podemos dar la lógica de Pablo como correcta y al mismo tiempo admitir que su suposición acerca de la segunda venida fue claramente errónea.

En 1 Corintios 7:10-11 Pablo prohíbe el divorcio entre los cónyuges creyentes. También él contesta a los argumentos de los corintios quienes recomendaban que los cristianos se divorciaran de los cónyuges inconversos. Pablo declara en los versículos 12-13 que el cónyuge creyente debe permanecer con el cónyuge inconverso mientras que el cónyuge inconverso esté dispuesto a permanecer en la relación.

El versículo 14 provee un sorprendente argumento. El cónyuge inconverso es santificado por el cónyuge convertido. ¡Pablo cree que al vivir juntos en matrimonio, la santidad podrá fluir del creyente al no creyente! Él mira al cónyuge creyente como un agente de Dios, personificando la santidad, encarnando a Cristo, y ayudando a traer salvación al no creyente. Muchos de nosotros hemos sido testigos de como la vida contagiosa y atractiva de un cónyuge creyente ha sido efectiva en traer a su pareja no creyente a Cristo.[5]

Dando un vistazo más cercano de las enseñanzas de Pablo sobre el matrimonio

El punto más elevado de Pablo acerca del matrimonio aparece en Efesios 5:22-23. Este pasaje con frecuencia ha sido usado para demostrar que las esposas deben estar sujetas a sus esposos. Sin embargo, una lectura cuidadosa de los textos griegos plantea preguntas significativas acerca de este punto de vista. Vamos a ver si podemos ir juntos a través de esto.

Las traducciones modernas son consistentes en colocar en el versículo 22 un imperativo tal como "someterse" o "estar sujeta" o "someterse a sí mismo" o "ser un subordinado" o "ceder", mandando a las esposas a someterse a sus esposos. Sin embargo, viene a ser algo sorpresivo el descubrir que no hay tal verbo en el texto griego. ¡Así es –no hay ningún verbo en el texto griego! La razón por la cual los traductores suplen el verbo tal como "someter" en el versículo 22 es porque el versículo anterior lo usa.

El versículo 21 habla de someterse "el uno al otro por reverencia a Cristo". Sin embargo, la sumisión descrita es una sumisión mutua y no la sumisión de un género para con el otro. El trato que Pablo le da al matrimonio inmediatamente sigue su enseñanza acerca de la sumisión mutua en la vida llena del Espíritu. Esto implica que Pablo ve al matrimonio como una arena en la cual la sumisión mutua es vivida.[6]

La declaración de Pablo en el versículo 23, que el esposo es cabeza de la esposa así como Cristo es cabeza de la iglesia, con seguridad no está implicando que el esposo está autorizado para dominar a su esposa.[7] Cristo no se comporta de esa manera hacia la iglesia; Él ama y sirve a la iglesia. Ese amor fue caracterizado por Cristo dándose a sí mismo por la iglesia, santificándola, purificándola, muriendo por ella. La meta de Cristo fue presentar a la iglesia como gloriosa, sin mancha ni arruga o ningún otro defecto, santa e intachable.

El versículo 28 nos trae el asunto de regreso: "Así mismo el esposo debe amar a su esposa como a su propio cuerpo". Primero, este pasaje hace un llamado a los esposos para amar a sus esposas así como Cristo amó a la iglesia. Segundo, este versículo nos lleva de regreso a Génesis 2 y la historia de la mujer en la creación. Amar a su propia mujer es amar su propio cuerpo, porque la mujer fue creada del costado (o costilla) del hombre y en el matrimonio los dos se funden en un solo ser.

El ejemplo de Cristo y la iglesia, y la relación de esposos y esposas, se entrelazan en el versículo 29. Pablo escribe, "pues nadie ha odiado jamás a su propio cuerpo; al contrario, lo alimenta y lo cuida". En primer lugar, esto simplemente significa que ningún hombre normal se odia a sí mismo o destruye su propio cuerpo. En vez de eso, cuida de sí mismo, tiene un amor propio sano y aún cierto orgullo. En segundo lugar, si los esposos vienen a fundirse en solo ser en el matrimonio así como lo declara Génesis 2:24, luego, entonces, un hombre no puede ser despreciable ni destructivo hacia su esposa, porque es su propia carne. Él debe alimentarla y cuidarla como a sí mismo, porque ahora ambos son un solo ser.

Algunas personas han notado que en este pasaje de la Escritura, Pablo entrelaza de tal manera el asunto de Cristo y la iglesia y la relación de esposos y esposas que nosotros podríamos preguntarnos si él ha perdido de vista el asunto principal. Puede ser que el punto significativo que él hace, es que el mejor ejemplo de cómo Cristo se relaciona con la iglesia se encuentra en un matrimonio piadoso.

Entonces, ¿cómo comprendemos y aplicamos este pasaje en nuestra cultura, una cultura enormemente diferente de la cual Pablo originalmente escribió? La expectativa cultural del primer siglo era que las esposas se someterían a sus esposos y que los esposos usarían a sus esposas para su propia gratificación sexual y social. En ese contexto Pablo pudo haber asumido que las esposas fueran sumisas y que los esposos fueran los que necesitaran mayor instrucción. Sin embargo, el punto de todo el párrafo es el de mostrar cómo el matrimonio puede ser un ejemplo, una expresión de la sumisión mutua, demostrada por la presencia del Espíritu Santo en la iglesia.

Ciertamente la aplicación no es que un género se va a someter y el otro género va a amar. En vez de eso, la aplicación es que nuestros matrimonios están para ser un ejemplo de la relación que existe entre Cristo y la iglesia. Ambas partes son para amar y someterse. Para aquellos que argumentan que "alguien debe estar a cargo del hogar", Pablo tal vez respondería: "Sí, Cristo debe estar a cargo del hogar". Y si Cristo es Señor del hogar, entonces la mutua sumisión y mutuo amor son posibles y definitivamente inevitables.

CONCLUSIÓN

A veces olvidamos que la Biblia fue escrita en una cultura en particular y en un tiempo muy diferente al nuestro. La naturaleza cultural incrustada en la Biblia significa que sus principios y visiones son proyectados en términos mejor comprendidos en aquel tiempo y lugar. El citar la Biblia para aplicarla apropiadamente a la cultura contemporánea, siempre será un desafío.

Actualmente, cuando consideramos el mundo en el cual la Biblia fue escrita, el carácter de su visión del matrimonio es sorprendente. ¿Cómo puede venir una visión tan magnífica del matrimonio de un tiempo en el cual los matrimonios eran tan ásperos? Ciertamente, el cuadro del matrimonio encontrado en la Biblia es testimonio de la inspiración de las Escrituras por el Espíritu Santo.

Definitivamente, en el centro del punto de vista bíblico acerca del matrimonio está Génesis 2:24. Este mensaje no está sujeto al tiempo: una persona debe dejar a su padre y a su madre y unirse con su cónyuge para que así ambos lleguen a fundirse en un solo ser. Esta unión será el resultado de la alimentación y cuidado que cada cónyuge, en santidad y bienestar, le brinde al otro, siendo el otro el principal interés de cada uno.

Seguramente un matrimonio construido sobre este punto de vista bíblico será placentero y satisfactorio. La pregunta real es si es o no posible. Y la respuesta a esa pregunta depende de la confianza de uno mismo en la gracia de Dios para transformar la vida humana. Juan Wesley con frecuencia afirmaba que Dios no nos daría un mandato en el que su gracia no nos capacitara. La gracia de Dios es suficiente aun para capacitarnos y permitirnos tener la clase de matrimonio previsto en la Escritura.

¿Recuerda nuestra ilustración del principio?

Ella era la "bebita de la casa" criada en una amorosa y cálida familia. Él era el quinto de nueve hijos criados hasta los 12 años en un hogar

austero y no cristiano. Ella era de la ciudad y él era del campo. Ella era
mimada y protegida, mientras él trabajaba la tierra y se esforzaba por
todo lo que tenía. Ella tenía educación superior y él tuvo muy poca opor-
tunidad de educación además de la escuela secundaria. Ella amaba la
música clásica y él amaba la música popular.

Ellos se conocieron en la iglesia. Ella era cristiana. El era cristiano.
Ella se enamoró de este apuesto joven con acento sureño. Él se enamoró
de esta atractiva y tímida muchacha a quien él llamaba, "Angelito". Ellos
se casaron. Ella tenía 19 años. Él tenía 25 años. Ella esperaba rosas y
romances y él esperaba comida hecha en casa y una esposa sumisa.

Las estadísticas dirían que no hay mucha esperanza para este ma-
trimonio.

Esta pareja diría, "si no fuera por nuestro voto de seguir a Cristo y nuestro compromiso de dar lugar a Jesús como Señor de nuestra relación, las estadísticas estarían en lo correcto". Esta pareja cristiana celebró su 40° aniversario en el 2006.

¡Dios hace posibles todas las cosas!

Notas

1. Toda traducción de pasajes bíblicos individuales es hecha por el autor.
2. Las personas solteras, independientemente de la causa de su soltería, también necesitan un medio por el cual lleguen a estar conectados significativamente, no sexualmente, a otra persona.
3. El recuento encontrado en Marcos 10:2-12 procede en el orden opuesto. El tópico del permiso de Moisés en Deuteronomio 24, en cuanto al divorcio, aparece primero, y después Jesús procede a enseñar la intención original de Dios para el matrimonio tomado de Génesis 1 y 2. Los dos evangelios dan el mismo contenido pero en diferente orden. El orden en Marcos hace claro que Jesús da prioridad a la enseñanza de Génesis sobre la de Deuteronomio. En el mundo bíblico, aquel que era más antiguo era considerado más valioso y más importante. De esta manera la visión teológica de Génesis 1-2 es más importante y más vinculante que las provisiones de Deuteronomio 24, lo cual viene después para proveer una manera de tratar con los resultados de la pecaminosidad humana.
4. La palabra para inmoralidad sexual, *porneia*, es plural. Aparentemente Pablo creyó que los muchos casos de inmoralidad sexual sugieren que las personas deberían casarse.
5. Mientras que algunos de los pensamientos de Pablo en cuanto al matrimonio en 1 Corintios 7 parecen ser utilitarios o simplemente pragmáticos,

aquí podemos ver que él cree que el matrimonio puede ser evangelístico.

6. El primer ejemplo que Pablo usa para ilustrar el significado de sumisión es el de la esposa a su esposo, introducido en el versículo 22. A pesar de que no hay verbo en el texto griego, el verbo "someter" está claramente implicado. Lo que no está implicado es que deba ser comprendido como un imperativo o un mandato. En vez de eso, el flujo de pensamientos sugieren que debería ser entendido como un simple indicativo, la declaración de un hecho. Esta sumisión fue culturalmente asumida en el tiempo de Pablo. Así que en vez de que Pablo sea interpretado como demandando que las esposas se sometan a los esposos, el texto griego lee que la sumisión de las esposas dada a los esposos es un ejemplo de la manera que los cristianos se someten unos a otros.

7. El concepto de "cabeza" en el pensamiento bíblico a menudo se refiere a la fuente de algo en vez de la autoridad sobre alguien. Por lo tanto, el versículo 23 recuerda a los lectores la creación de la mujer en Génesis 2, en el cual el hombre fue la fuente de la cual la mujer fue creada. De la misma manera, Cristo es la fuente de la cual la iglesia fluye. El primer imperativo en este pasaje viene en el versículo 25 con el mandamiento para que los esposos amen a sus esposas así como Cristo amó a la iglesia. La sumisión de las esposas a sus esposos practicada en la cultura de ese tiempo provee un ejemplo de la sumisión mutua, la cual muestra que somos llenos del Espíritu Santo. Sin embargo, el trato de las esposas de parte de los esposos en aquel tiempo, quedaba corto. Por eso Pablo tuvo que mandar a los esposos a demostrar su mutua sumisión al amar a sus esposas con la clase de amor que Cristo demostró por la iglesia.

Roger L. Hahn es decano y profesor de Nuevo Testamento en el Seminario Teológico Nazareno de Kansas City, Missouri, Estados Unidos. El Dr. Hahn tiene una larga y prestigiosa historia como educador y ha servido como educador desde 1974. Él también es un autor muy solicitado y frecuentemente escribe exposiciones teológicas, comentarios, libros y currículo de Escuela Dominical. Actualmente sirve como pastor docente del servicio de adoración Palabra y Mesa en la Primera Iglesia del Nazareno en Kansas City. También es un orador muy solicitado para campañas y retiros.

Libros incluidos: *Discovering the New Testament* (Beacon Hill Press of Kansas City), *A Commentary on the Gospel of Matthew* (Wm. B. Eerdmans Publishing Company), *Finding True Fulfillment in the Crush of Life* (Beacon Hill Press of Kansas City), *Great Passages of the Bible: Salvation from Beginning to End* (Beacon Hill Press of Kansas City), *The End: How Are We to Face the End of Time and the Beginning of Eternity?* (Beacon Hill Press of Kansas City).

2 Los compromisos de un matrimonio perdurable

DAVID Y LISA FRISBIE

"NO ESTAMOS PLANEANDO CASARNOS", le explicó Corinne a una amiga cercana. ¡Ambos nos amamos demasiado como para eso! Después de todo, la mayoría de los matrimonios terminan en divorcio, ¿para qué preocuparse con una ceremonia sin sentido?

La amiga de Corinne movió la cabeza asintiendo.

"Mi mamá se acaba de divorciar de nuevo, por tercera vez", dijo con un suspiro. "Realmente siento tristeza por ella".

Bienvenido a la vida relacional del siglo XXI. Hoy en día muchas parejas optan por cohabitar sin hacer un compromiso moral, legal, espiritual o personal. A través de toda Europa occidental y Norteamérica, parejas de todas las edades ven el matrimonio como una unión opción, pero quizá no de ayuda, para vivir juntos. En la mentalidad de muchos, la insistencia de la iglesia en cuanto al matrimonio es con frecuencia vista como un requisito anárquico y legalista, el cual impone disciplina sin proveer beneficios. ¿Por qué casarse hoy si el resultado más probable es el divorcio mañana?

En contra de este ambiente de cambios de valores morales, hemos estado investigando la satisfacción conyugal de los matrimonios duraderos. Hemos examinado las dinámicas de realización personal y conyugal de los matrimonios. Hemos explorado la mecánica de las relaciones, buscando las razones por las cuales algunos matrimonios tienen un largo recorrido y otros no. Mientras exploramos estos aspectos, en los matrimonios que presentan un alto nivel de satisfacción personal y realización en su relación, una y otra vez surge la palabra "compromiso" como un patrón.

De nuestra investigación viene a ser evidente, casi de inmediato, que el significado de la palabra "compromiso" varía, aun entre dos cónyuges que reportan una experiencia positiva en su matrimonio de por vida. Después de reunir, procesar y evaluar los comentarios y relatos de estas parejas exitosas, reunimos siete descripciones que ellos usaron para ilustrar el compromiso dentro del contexto de su relación.

Estos matrimonios altamente satisfechos y profundamente realizados citaron (sin ningún orden en particular) estos siete aspectos del compromiso como razones para el éxito.

1. COMPROMISO PARA VER EL MATRIMONIO DE LA MANERA QUE DIOS LO VE

Las parejas satisfechas creen en primer lugar que el matrimonio fue idea de Dios. En vez de hablar en términos legalistas (Dios insiste en que permanezcamos casados), estas parejas dicen que el matrimonio fue parte del plan original de Dios para el universo. En otras palabras, cuando Dios creó al hombre y a la mujer, Él los creó para vivir juntos dentro de una relación de matrimonio, viviendo uno con el otro en un compromiso perdurable de por vida.

Las parejas con frecuencia se refieren a Génesis 2:24, en el cual el escritor describe el matrimonio modelo de un hombre que deja a su padre y a su madre y se une a su mujer. En esto, el relato más antiguo de la historia humana, el esposo y la esposa vienen a ser un solo ser. Es un tema que es claro a través del Antiguo y Nuevo Testamento. Cuando a Jesús se le cuestionó acerca del divorcio, Él se refirió al punto de vista original de Dios: "-¿No han leído —replicó Jesús— que en el principio el Creador "los hizo hombre y mujer" y dijo: "Por eso dejará el hombre a su padre y a su madre, y se unirá a su esposa, y los dos llegarán a ser un solo cuerpo"? Así que ya no son dos, sino uno solo. Por tanto, lo que Dios ha unido, que no lo separe el hombre" (Mateo 19:4-6).

¿Es el diseño de Dios? Las parejas de hoy en día necesitan escuchar las palabras de Jesús. Muchos creen que el matrimonio es una costumbre social impuesta por la iglesia en vez de una herencia espiritual que recibimos a través del propósito amoroso de un Dios creativo. Las parejas comprometidas al matrimonio de largo plazo ven esto diferente. "Esto es algo excelente de parte de Dios", dijo Walter, hablando de sus de 42 años de matrimonio con Silvia. "Esto es lo que Dios tenía en mente cuando creó al hombre y a la mujer. Fuimos hechos el uno para el otro, literalmente". Mientras Walter hablaba de su propio matrimonio citó Génesis 2. "Nosotros dos hemos venido a ser uno en nuestra relación", dijo. No es solamente una idea o un concepto; es una verdad viviente en el centro de nuestra vida matrimonial".

Desde la perspectiva de Dios, el llegar a casarse crea plenitud y unidad, lo cual es intencional y saludable, cumpliendo el propósito original de Dios. Los esposos y las esposas están diseñados para una unidad amorosa y perdurable. Parejas profundamente realizadas, con frecuencia hablan de esta realidad y lo hacen con pasión e intensidad. Ellos describen una verdad encarnada que juntos han explorado en una jornada *a través* de la vida, la cual ellos ven como una jornada *de por* vida. En el diseño de Dios, dicen estas parejas, se da una unión matrimonial que trasciende dos vidas separadas e individuales y llegan a ser un todo auténtico, y unificado, un hombre y una mujer juntos. Las parejas felices encuentran como algo evidente que este diseño es integrado dentro del universo, además de ser parte del registro bíblico.

2. COMPROMISO AL MATRIMONIO COMO UNA CONEXIÓN DE POR VIDA

Jared es un naturalista que sirve como guardia forestal en el área rural de Montana. "Miren los gansos blancos", dijo Jared mientras hablamos con él acerca de su matrimonio. "Son unas criaturas hermosas. ¡Nunca he encontrado a ninguna leyendo la Biblia, sin embargo ellos saben que deben aparearse de por vida! ¿Si un ganso lo puede descifrar, por qué el resto de nosotros no?"

Jared, casado por tres años, reporta un alto grado de satisfacción dentro de su matrimonio. Amy, con seis meses de embarazo, tiene la misma opinión. "Estamos en este asunto de por vida", dijo ella. "No estábamos apresurados cuando nos casamos, porque ambos lo mirábamos de la misma manera, una vez que te casas, permaneces casado hasta que la muerte te separe. Eso es lo que los votos tradicionales dicen acerca de esto: 'hasta que la muerte los separe'".

Jared asintió con la cabeza. "Ambos hemos visto cantidad de divorcios entre nuestros amigos y familiares. No estoy juzgando a ninguno de ellos, es simplemente que Amy y yo tenemos una perspectiva muy diferente del matrimonio. Para nosotros, significa que estamos totalmente comprometidos el uno con el otro mientras los dos vivamos".

"Esto es de por vida", Grant declaró, haciendo eco del punto de vista de Jared. "No es asunto de probarse el uno al otro la medida de su compromiso. Esto es para bien o para mal y en enfermedad o en salud. Independientemente de lo que pase, Melissa y yo estaremos juntos todo el tiempo mientras los dos vivamos".

Así es cómo las parejas satisfechas tienden a ver la relación matrimonial. ¿Es más fácil decirlo que hacerlo? Quizá. Sin embargo, los matrimonios felices con frecuencia reportan que la manera como ellos ven el matrimonio es un componente mayor al de su satisfacción. Pensando en su matrimonio como permanente, tiende a crear la condición bajo la cual una relación segura y de alta realización puede florecer y prosperar.

"Yo crecí pensando que todos los hombres se van", dijo Melissa con un suspiro. "Había visto a mi padre y luego a mi padrastro, a quien verdaderamente amaba, dejar a mi madre después de vivir solamente algunos años juntos. Yo sabía que si alguna vez me casaba, yo querría más que eso, mucho más. Yo deseaba, ya fuera quedarme soltera o permanecer casada toda la vida. Quería algo que mi madre nunca tuvo, un hombre que se quedara".

Casados por 11 años y padres de tres hijos creciendo, Grant y Melissa explican que el permanecer casados por toda la vida es el factor clave en su felicidad actual. "Cualquier cosa en la que necesitemos trabajar, trabajaremos", Grant lo afirmó. "Tenemos ya algunos asuntos, y probablemente tendremos otros asuntos más tarde. La vida es así. Pero trabajaremos con lo que sea que venga, lado a lado. Estamos juntos. Estamos casados de por vida, no hay excepciones".

Es un tema que escuchamos con frecuencia de parte de parejas satisfechas. Cuando ellos hablan acerca de compromiso, estas parejas quieren decir que ellos permanecerán juntos por toda la vida, no importa qué suceda. Están seguros de permanecer juntos hasta la muerte, y solamente la muerte, los podrá separar.

3. COMPROMISO AL ALTO VALOR DE MANTENER LAS PROMESAS

Cindy había estado casada solamente por 18 meses cuando la depresión clínica le atacó, cambiando su personalidad y aun su apariencia. Diagnosticada como severamente afligida, ella invirtió mucho de los siguientes tres años buscando y recibiendo tratamiento, a veces con medicamentos severos y en una ocasión hospitalizada brevemente. ¿Alguna vez su esposo Mark, pensó en dejarla? "Ni por un instante", insistió él mientras lo entrevistábamos. "Yo hice una promesa. Fui criado para creer que la palabra de una persona es lo que muestra su verdadero carácter. En mi familia, aprendimos desde muy temprana edad a ser cuidadosos acerca de hacer promesas. Y cuando usted hace una promesa, usted cumple su promesa".

La familia de Mark no es única, a pesar de la gran evidencia de lo contrario. Mientras hablamos con parejas felizmente casadas por un largo tiempo, con frecuencia descubrimos que sus experiencias en la vida han sido estresantes, frustrantes y en ocasiones desastrosas. Y así, para estas parejas, aun a pesar de pasar a través de grandes dificultades, su satisfacción matrimonial permanece a un alto nivel.

¿Puede una pareja en realidad permanecer felizmente casada a pesar de tan severo trauma? Mark no vaciló mientras que enfáticamente exclamaba: "Absolutamente. Cuando usted cumple siempre sus promesas a las personas, ellos aprenden a confiar en usted y tienen confianza en usted. Y nada edifica mejor una relación como la confianza. Esto es verdad en la vida, y es verdad en el matrimonio".

Cindy afirmando asintió con la cabeza mientras su esposo continuaba. "Yo le prometí a Cindy que estaría a su lado", Mark explicó. "Ella me hizo la misma promesa. Si yo hubiera estado enfermo, o si hubiera estado en el hospital, Cindy hubiera estado todo el tiempo junto a mí. En nuestro caso, ella fue la que estuvo en sufrimiento, y yo fui el que permaneció comprometido a su lado y le ayudó a salir adelante. Pero hubiera funcionado igual de la otra forma. Ambos estamos comprometidos a guardar nuestra palabra".

La capacidad de cumplir las promesas edifica un fuerte sentido de seguridad y permanencia en una relación. Como nos lo recuerda el compromiso de Mark, el carácter de una persona se revela a sí mismo cuando los desafíos y obstáculos de la vida deben ser enfrentados. Saber que su cónyuge cumple sus promesas le ayuda a relajarse dentro de un lugar de seguridad, aun cuando el mundo a su alrededor le trae inesperados sufrimientos y desilusiones. Las parejas satisfechas son cumplidoras de promesas; hablan de promesas hechas y cumplidas cuando describen lo que el compromiso significa en sus matrimonios.

4. COMPROMISO PARA RENDIR CUENTAS

Cuando por primera vez conocimos a Gary y Jayne, ellos estaban viviendo separados. Casados por nueve años, habían experimentado conflictos casi desde el principio de su matrimonio. Ahora, con dos hijos y casi una década más tarde, estaban cansados de pelear.

"Por ahora solamente necesitamos un poco de tiempo alejados uno del otro para trabajar en nuestros asuntos" así fue como Jayne explicó su decisión. "Mi consejero nos dijo que el estar separados verdaderamente nos ayuda para arreglar nuestra situación. Estamos haciendo esto para fortalecer nuestro matrimonio, no para finalizarlo".

Aunque Gary rápidamente se cansó de vivir solo y poder visitar su hogar e hijos solamente dentro de los términos de Jayne, él siguió adelante con el plan. Él tenía la esperanza de un resultado positivo y duradero a pesar de su constante dolor. Seis meses después, reclamando de mala gana, Jayne puso una demanda de divorcio. Como una observación general, las parejas casadas que experimentan el vivir separados, durante su tiempo de separación, tienden a irse más a la deriva, que a ser atraídos hacia el otro cónyuge.

En contraste, las parejas casada que optan por arreglar sus asuntos juntos, con frecuencia permanecen juntas. Especialmente si se involucran en un grupo de apoyo ante quienes ellos se mantienen responsables por los escogimientos y decisiones que hacen mientras resuelven sus diferencias.

Bob y Rosa son ejemplo de una pareja que iba hacia la separación, pero ambos optaron por ser responsables ante los miembros del grupo de apoyo. En su caso, tener una red de apoyo les ayudó a evitar vivir separados. Es una decisión que seguramente también les ayudó a evitar el divorcio.

"Estamos peleando todo el tiempo", compartió Rosa. "Simplemente no podemos evitar discutir el uno con el otro. ¡Algunas veces era sobre nada! A veces era por un gran problema o una decisión importante, pero todo lo que hacíamos era pelear". Rosa recibió consejo de parte de varios compañeros de trabajo quienes le aconsejaron trabajar en su matrimonio mientras vivían separados por un tiempo. Bob estaba dispuesto a vivir separado si esto iba a ser de ayuda. Casi como una ocurrencia tardía, la pareja decidió sentarse y hablar con algún miembro de la familia en quien confiaban y buscar su opinión. Bob y Rosa fueron con la hermana mayor de él y con la hermana menor de ella, quienes habían desempeñado un papel prominente en su boda.

La hermana mayor de Bob había funcionado casi como una segunda madre para él por lo que rápidamente se opuso a la idea de que vivan separados. "¡Así es como las parejas terminan divorciadas!", exclamó la hermana de Bob. "¡Ni siquiera se les ocurra intentar eso! ¡Ustedes son una pareja casada, y eso significa que enfrentarán sus problemas juntos y los resolverán juntos!"

La hermana de Rosa les dio exactamente el mismo consejo. "No principien a vivir vidas separadas", dijo ella. "Ustedes necesitan crecer juntos en vez de alejarse más. Sigan viviendo juntos y busquen la ayuda que necesitan. Vean a un consejero cristiano. Únanse a un grupo pequeño. Llamen a su pastor. Pero, lo que sea que hagan, háganlo juntos y no separados".

Bob y Rosa decidieron buscar un grupo pequeño que pudiera ser de ayuda. No buscaron más allá de su propia iglesia, la cual tenía muchos grupos disponibles para las parejas.

"Encontramos un grupo de enriquecimiento matrimonial", dijo Bob, "así es que llamamos al líder del grupo. Esa llamada telefónica cambió nuestras vidas". Tres semanas después de casi separarse, Bob y Rosa asisten a una reunión los martes por la noche, a unos cuantos kilómetros de su casa. Con otras cuatro parejas, ellos comparten café, un breve estudio bíblico y una amplia discusión acerca de la vida matrimonial.

"Era exactamente lo que necesitábamos", contaba Rosa. "Encontramos que no estábamos solos, que otras parejas estaban tratando de aprender a comunicarse mejor y a resolver sus problemas sin pelear. Hasta aquella noche nos sentíamos como fracasados en nuestro matrimonio. Ambos pensábamos que lo estábamos perdiendo y simplemente no podríamos mantenernos juntos. Sentados allí, en un círculo alrededor de la sala de la familia Harris, descubrimos que no estábamos solos".

Nuestra constante investigación nos muestra que cuando las parejas se relacionan con miembros de la familia y amigos y edifican una red de apoyo con el objetivo de salvar su matrimonio, entonces principian a suceder cosas buenas. Las parejas como Bob y Rosa, pronto descubrieron que sus problemas pueden ser los típicos en un matrimonio. Buenas cosas suceden cuando las parejas atribuladas piden a otros cristianos de mayor experiencia aconsejarlos y guiarlos a mejorar sus matrimonios.

Una pareja nos describió esto como "la buena voluntad de ser transparentes" en su relación. "Nos dimos cuenta que necesitábamos permitir que otras personas supieran cómo íbamos en nuestra relación", Carolyn declaró de una manera práctica. "Nosotros teníamos problemas con nuestra comunicación, y en realidad nadie más lo sabía. Podíamos vernos a nosotros mismos separándonos. Decidimos unirnos a un grupo de estudio bíblico con la meta de hacer algunos amigos cercanos. Esperábamos que alguien tuviera algunas ideas que nosotros podríamos poner en práctica".

Carolyn y su esposo conocieron a una pareja con quienes ellos se sintieron relajados y confortables.

Primero nosotros los invitamos a cenar", recuerda Carolyn. "Después ellos nos invitaron a una comida en el patio de su casa. Mientras los conocíamos, podíamos darnos cuenta que ellos eran felices al estar juntos, algo que nosotros también queríamos. Principiamos por observarlos y escucharlos mientras se hablaban el uno al otro. Comencé a hacerle a Ellen unas preguntas acerca de su matrimonio, ella fue muy sincera y honesta en sus respuestas hacia mí. Comencé a darme cuenta que muchas parejas tienen problemas de comunicación y que toma tiempo y esfuerzo antes que la pareja verdaderamente pueda comprenderse mutuamente. Cuando nos sentimos confortables, compartimos lo que estábamos atravesando. Ellos no nos predicaron, no nos juzgaron, ni fueron parciales. Algunas veces aun decían 'No sabemos qué decirles', lo cual nos animaba. Empezamos a notar que nuestro matrimonio estaba mejorando. No solamente estábamos peleando menos, sino que también habíamos aprendido algunas maneras mejores y más amables de resolver nuestros desacuerdos.

"No sé en dónde estaríamos hoy sin aquella pareja. Pero yo creo que estábamos yendo hacia el divorcio, así como muchas otras parejas. Yo creo que si hubiéramos guardado nuestros problemas para nosotros mismos o hubiéramos intentado resolver nuestros problemas viviendo separados, nos hubiéramos ido a la deriva para siempre".

El ser responsable hacia otros, especialmente hacia los amigos cristianos y miembros de la familia, quienes comparten los valores de proteger y preservar una relación matrimonial, puede ayudar a una pareja a permanecer comprometida el uno para con el otro mientras resuelven sus asuntos. Edificar una red de apoyo es una excelente manera de reforzar su compromiso de permanecer juntos y edificar un matrimonio saludable.

La presencia de amigos comprensivos quienes sirven como consejeros constantes y compañeros de oración, puede ayudar a una pareja a enfrentar las tormentas de la vida mientras permanecen juntos.

5. COMPROMISO DE BENDECIR A LOS HIJOS CON UN NÚCLEO FAMILIAR INTACTO

Cuando Andy citó a la familia para una reunión el sábado por la mañana, los niños pensaron que papá iba a dar una buena noticia. Enfrentando a su esposa y a sus tres hijos en el comedor, Andy dejó caer la bomba con muy poca fanfarria y casi nada de explicación.

"Necesito mi propio espacio por algún tiempo", anunció Andy en la reunión familiar. "Tengo algunos asuntos sobre los cuales necesito trabajar. Eso no lo puedo hacer estando aquí, hay demasiado ruido todo el tiempo. Solamente necesito algo de espacio para poder pensar claramente". Sin dar oportunidad a nadie para hacer alguna pregunta, Andy salió del comedor, se subió a su automóvil, y manejó alejándose. No planeaba regresar.

Claire no había visto esto aproximarse y hasta más tarde entendió que las palabras: "Necesito mi propio espacio por algún tiempo" no era realmente la verdad. Por varios meses Andy había estado compartiendo "su espacio" en un pequeño departamento al otro lado de la ciudad con una mujer de su trabajo y divorciada.

Los niños asumieron que su papá estaba molesto y que solamente había ido a dar un paseo para calmarse. Pero cuando Andy no regresó, sus hijos se sintieron frustrados, enojados y con temor. "¿Va a regresar papá pronto a casa?" Cody, de tres años de edad preguntaba a su madre constantemente. "¿Esta noche es cuando papá vendrá a la casa con nosotros?" Pero papá no tenía planes de regresar al hogar. Los niños pequeños lucharon por comprender la perspectiva de Andy, temiendo que de alguna manera por hacer "demasiado ruido" ellos habían alejado a su padre. Andy metió una demanda de divorcio. No buscó custodia de sus tres hijos. Los niños, de 3, 5 y 8 años quedaron devastados por la pérdida de su padre.

Una rica evidencia apoya la creciente conclusión que un núcleo familiar intacto, con un padre y una madre de nacimiento sirviendo como modelos y protectores, ofrece a los niños el ambiente más positivo en el cual pueden ser criados. Investigaciones tras investigaciones afirman que la separación y pérdida de la familia original es altamente dañina para el crecimiento y desarrollo de los hijos.

Estudios también confirman que los niños son impactados negativamente por el trauma del divorcio y la pérdida de la unidad de la familia original hasta la edad adulta. Estos asuntos emocionales con frecuencia son llevados a las relaciones que ellos forman con otros adultos. Son desconfiados del matrimonio, temerosos de perder lo que aman, menos propensos a comprometerse y más propensos a intentar vivir sin estar casados. También tienen conflicto con el aspecto de la confianza y pudieran sentir temor de aceptar y valorizar una relación positiva. Y finalmente, con frecuencia creen que si en verdad aman a alguien, terminarán por perderla.

Es claro para aquellos que estudiamos a la familia, que el mantener juntos a los verdaderos padres en un núcleo familiar intacto, es un paso gigantesco avanzando hacia el crecimiento y desarrollo saludable de los hijos. En una sociedad concentrada en proveer seguridad económica y beneficios financieros a su descendencia, quizá el regalo más grande que podamos dar es permanecer juntos para proveer a nuestros hijos una educación y el cuidado que necesitan. Las generaciones del pasado intuitivamente entendían los beneficios que los hijos recibían al permanecer en un núcleo familiar, quizá porque las generaciones del pasado eran menos auto-absorbentes y menos involucradas en una mentalidad de consumismo. En un mundo lleno de artículos desechables, estamos en peligro de ver a los matrimonios y las familias como algo temporal y desechable también.

Las parejas con alto sentido de realización y una satisfacción mutua nos dicen que en algunas de las épocas de dificultad en sus matrimonios ellos permanecieron juntos "por el bien de los hijos". Como Hannah explica, "sabíamos que era lo mejor para los hijos si permanecíamos juntos y tratábamos de solucionarlo. Yo creo que si no hubiéramos tenido a nuestros tres hijos, nos hubiéramos separado y probablemente divorciado. Pero ninguno de nosotros estaba dispuesto a hacer sufrir a nuestros hijos por causa del divorcio. Vimos a otras parejas separarse (algunos de ellos dentro de nuestro propio círculo familiar) y nos dimos cuenta que no era una buena alternativa, especialmente cuando los hijos estaban involucrados".

Ya sea por la presencia de los hijos o por la gracia de Dios, Hannah y David permanecieron juntos y lucharon para mantener sus argumentos y pleitos en privado y fuera de los oídos de sus hijos. Al paso del tiempo, mientras escuchaban sermones y grabaciones acerca de cómo llevar adelante un matrimonio, obtienen las destrezas que ellos necesitan para comunicarse mejor, para resolver sus conflictos sin ira, y avanzar en su relación. No fue fácil. Por cada paso hacia adelante, parecía haber un obstáculo con asuntos viejos o problemas que parecían ser permanentes y sin solución.

Hoy en día David está agradecido ya que el tener hijos en el hogar hizo que ellos trabajaran más fuerte para permanecer unidos. Sin los hijos, David teme que el matrimonio hubiera terminado de mala forma. "Yo me hubiera ido" confiesa David. "Estaba cansado de pelear y exhausto de todo el estrés. Yo soy una de esas personas a quien le gusta que todos se lleven bien. Estaba literalmente listo para salir a la carretera y principiar una vez más en algún otro lado".

En vez de eso, David y Hannah permanecieron comprometidos por el bien de sus hijos, aún cuando su afecto decayó y la tensión creció. Hoy, con un candor fresco y una sonrisa relajada, David y Hannah reportan un alto grado de felicidad en su vida matrimonial. En su iglesia, ellos preparan a otras parejas, pero aún no confiesan a sus propios hijos que una vez batallaron tan profundamente.

"Nuestros hijos no saben qué tan cerca estuvimos de separarnos", admite David. "Y no tenemos planes de decírselos a menos que, Dios no lo quiera, uno de ellos termine en un matrimonio infeliz, especialmente si hay hijos involucrados. Si esto sucede, me voy a sentar con mi hijo para explicarle que su mamá y yo casi nos dábamos por vencidos en nuestro matrimonio. Le voy a decir, le voy a pedir, le voy a rogar, si lo tengo que hacer, que permanezca con su esposa por el bien de sus hijos".

"Nos mantuvimos pensando en nuestros hijos, y de alguna manera lo logramos. No hay ninguna magia en eso, ninguna fórmula, simplemente permanecimos, y las cosas se mejoraron conforme continuamos tratando. Cada vez que veo a mis hijos hoy en día, pienso en lo agradecido que estoy de que su mamá y yo decidimos permanecer juntos y preservar la familia en la cual mis hijos están creciendo. No fuimos perfectos, pero nos mantuvimos juntos".

6. COMPROMISO DE HONRAR A SU CÓNYUGE POR ENCIMA DE CUALQUIER OTRA RELACIÓN

Conocemos a Merril tal vez por unos 30 años. Hemos viajado, nos hemos reído y hemos llorado con él. Merrill es uno de nuestros mejores amigos. En todos estos años de amistad, nunca hemos escuchado a Merrill hablar ni siquiera una palabra negativa acerca de su esposa Nancy, ni en público, ni en privado, ni indirectamente como broma, ni directamente como una queja. Merrill honra a su esposa.

Mientras que otras parejas podrían no igualar el récord de Merrill, las parejas felices y satisfechas que conocemos, con frecuencia nos hablan de su compromiso de honrar y mostrarse respeto el uno al otro. Cuando pensamos acerca de honrar y respetar al cónyuge, nuestros pensamientos se tornan hacia las tres décadas de matrimonio de Merrill. Primero y lo más importante, el hablar positivo de Merrill ha fortalecido el centro de su relación matrimonial con Nancy. Él ha expresado su amor por ella al decirles a otros que Nancy es una gran esposa y madre, y una compañera maravillosa en la vida. Nancy se puede sentir relajada dentro de esta relación, sabiendo que ella puede confiar en su esposo, quien le va a honrar cuando él esté con amigos de la iglesia, sus compañeros de trabajo o sus familiares.

Nancy ha aprendido, no de una promesa verbal sino por observar el comportamiento de Merrill, que su reputación está segura con él. Ella no tiene que preocuparse que su esposo tal vez esté diciendo algo a sus espaldas. Cuando le preguntamos si ella se consideraba una persona perfecta, ella se rió fuertemente. "¿Perfecta? dijo ella. "¡Por favor! Ni siquiera estoy cerca. Escuché a Merrill hablar algunas veces acerca de mí, y pensé, *¿de quién está hablando?* Me tomó algo de tiempo, pero finalmente me di cuenta que Merrill está diciendo la verdad, en cuanto a como él me ve. Él verdaderamente me ve como una persona maravillosa. ¿Sabes por qué? Yo creo que con el correr del tiempo, he llegado a ser más como la persona quien dice Merrill que soy. En alguna manera, yo creo que he tratado de vivir con aquella alocada opinión que él tiene de mí. Me pregunto si soy una mejor persona hoy por la forma en que Merrill ha hablado de mí todos estos años".

¿Será que las palabras positivas de Merrill ayudaron a Nancy a madurar, crecer y prosperar? ¿El respeto de Merrill hacia ella en realidad ha causado que ella sea una mejor persona? Quizá la pregunta perceptiva de ella nos da a todos una pista de que todos podemos ayudarnos a crecer mutuamente.

La pareja en el matrimonio tiene una posición ventajosa y única, desde la cual puede ver las fallas e imperfecciones de su cónyuge. Es fácil encontrar las faltas, señalar los problemas y decirles a otros qué tan desafiante es nuestro cónyuge. Sin embargo, Merrill ha optado por otra opción, un sendero que involucra el honrar y respetar a Nancy para que así otros también la honren y la respeten.

Preguntamos a Merrill que si sus comentarios acerca de Nancy eran intencionados para darle una más alta y mejor reputación entre otras personas. Merrill se encogió de hombros. "Lo que hago es decir lo que es", insistió. Nancy es una maravillosa persona, y yo soy un hombre afortunado, ponga eso como *bendecido* por el hecho de estar casado con ella. Pero sí, yo creo que cuando digo algo a otras personas acerca de mi esposa, ellos van a ser influenciados por lo que digo. Si yo digo, 'es muy difícil vivir con Nancy', ellos me van a creer, al menos hasta cierto punto. Ellos van a tener menos respeto por Nancy que lo que de otra manera tendrían. Yo quiero que la gente respete a Nancy de la misma manera que yo lo hago. Quiero que la gente llegue a conocer la maravillosa mujer con la que vivo. Nunca he tratado de decir que ella es perfecta, aunque francamente esa es la manera cómo yo la veo. En vez de eso, siempre he tratado de señalar sus buenas cualidades, las cosas buenas acerca de lo que ella es".

Las parejas con un nivel alto de satisfacción se honran y respetan mutuamente. Merrill y Nancy son un ejemplo viviente de cómo funciona esto. No es sorprendente que Merrill y Nancy tienen uno de los matrimonios más cercanos, más íntimos y más románticos y satisfactorios que cualquier pareja que yo conozco. Sin ser ya jóvenes, parecen ser más cercanos y estar más enamorados que las parejas con la mitad de su edad. Gran parte del tiempo ellos actúan como recién casados, hasta las manifestaciones físicas de afecto. ¿Es porque ambos fueron afortunados y encontraron una buena pareja? o ¿es porque su honor y respeto mutuo ha edificado un fundamento de seguridad y fortaleza, permitiendo que su relación matrimonial crezca, prospere y florezca? Es una pregunta digna de considerar.

7. COMPROMISO DE SERVIR A SU CÓNYUGE EN VEZ DE AUTOGRATIFICARSE

Las parejas de matrimonios felices con frecuencia nos cuentan acerca de su compromiso de suplir las necesidades de la otra persona en vez de preocuparse por lo que ellos mismos quieren. Para estas parejas, la muerte del yo ha venido a ser la vida de un matrimonio saludable y satisfecho.

Una de las actitudes más destructivas que puede colarse en una relación, incluyendo un matrimonio, es el sentido de ¿*Qué es lo que me toca?* o ¿*Qué de mis necesidades?* La autocompasión es un monstruo dominante y maligno. Ya sea que este monstruo esté escondido bajo la cama o en cualquier otro lugar viviendo al frente y al centro de la relación matrimonial, necesita ser confrontado por los cónyuges que han determinado deshacerse de él. Similar a las criaturas aparentemente indestructibles de las películas baratas de terror, el monstruo de la autocompasión podría tener muchas vidas, saltando otra vez justamente cuando usted pensó que finalmente lo había derrotado. No se dé por vencido. Siga tratando.

Los cónyuges de un matrimonio con un alto nivel de satisfacción nos dicen una y otra vez, "No se trata de *mí*. Para hacer que un matrimonio funcione se trata de servir a su cónyuge en lugar de preocuparse de si su cónyuge le está o no sirviendo a usted". Sandra es una de muchas que nos dijeron cómo en realidad funciona esto. "Atravesé por un tiempo en mi matrimonio cuando sentí que mis necesidades no eran suplidas. Chris estaba envuelto en su trabajo, yo estaba en casa cuidando a dos hijos, y parecía como que estábamos separándonos más y más. Yo no me sentía feliz. Los niños me estaban volviendo loca, a pesar de que les amaba. Chris regresaba del trabajo a la casa, pero traía trabajo con él. Casi tan pronto como entraba por la puerta, lo perdía entre la computadora o el televisor. Me parecía como que no estaba ayudando con los niños. También parecía como que había perdido interés en mí como mujer. Nuestra vida sexual había menguado casi a no existir. Yo me estaba sintiendo muy frustrada".

Le preguntamos a Sandra qué fue lo que cambió. "Yo no soy del tipo de persona que va a un consejero", admitió Sandra. "Lo que quiero decir es, que eso simplemente no es para mí. Estoy segura que es de mucha ayuda, pero no soy del tipo de sentarse allí y explorar mi niñez o lo que sea. Estaba un día recogiendo a mi hija de la guardería de la iglesia y vi a Billie, una mujer casada, de edad mayor, de nuestra iglesia. Algo dentro de mí me dijo que necesitaba hablar con ella y decirle lo que estaba pasando. Billie sugirió que la llamara por teléfono. La llamé esa semana y ella me invitó a ir a su casa a visitarla.

"Esa visita cambió mi matrimonio. Billie se sentó y me escuchó simplemente meneando la cabeza. Ella tenía unos ojos amables y una presencia comprensiva. Yo me sentí como que podría decirle cualquier cosa y ella me escucharía y se interesaría. No sé por cuánto tiempo hablamos, pero le conté de cuán ignorada me sentía, cómo nuestra vida sexual había sufrido. Quiero decir, le conté las cosas profundas acerca de mi matrimonio y qué tan triste me sentía. Por fin terminé. Había dicho todo. No me había quedado con nada. Billie simplemente se quedó allí por un momento, bebiendo una taza de café, sin decir nada.

"Entonces ella me miró directamente, sonriendo, y dijo, 'querida, si tú quieres que este matrimonio mejore, depende de ti y de nadie más. Lo mejor que puedes hacer es ser una buena madre para tus hijos y ser una gran esposa para tu esposo. En vez de preocuparte por ti misma, necesitas olvidarte de ti misma'. Estaba totalmente sorprendida. Yo hubiera esperado que ella me dijera cuánto sentía que yo estuviera atravesando todo eso. Yo pensé que recibiría de ella mucho aprecio y comprensión. En vez de eso, me estaba sonriendo y diciendo que me olvidara de mí misma y sirviera a mis hijos y a mi marido".

"Quiero decirte algo", dijo Sandra. "Eso fue lo más importante y de más ayuda que nadie jamás me había dicho. Nada de lo que había escuchado era tan acertado como las palabras de Billie en aquel día. ¡Ella tenía la razón! Para ser feliz en mi matrimonio, necesitaba dejar de ser tan egoísta. Necesitaba servir a mi esposo, servir a mis hijos y ser la mejor madre y la mejor esposa que yo podría ser.

"He aquí lo que ha cambiado para mí desde aquel día: absolutamente todo. Los niños ya están más grandes, pero ellos tienen problemas como cualquier niño normal los tiene. De hecho, quisiera tener más tiempo para invertir con ellos. Chris ha principiado a darse cuenta que él ha estado demasiado conectado con su trabajo, sin invertir suficiente tiempo en su familia. Trabaja menos horas y trae menos trabajo a la casa. Él ha llegado a ser un mejor padre y está mucho más involucrado con la familia.

"Tenía dos amigas cercanas de la escuela preparatoria, y las dos están divorciadas. Observo alrededor a las personas que conozco y principio a enumerar mis bendiciones. Estoy casada con un hombre maravilloso que me es fiel. Él es un buen padre para sus hijos. Veo qué tan fuerte trata de balancear todo y hacerlo funcionar. Lo veo en algunas ocasiones y pienso, *¿Por qué alguna vez me sentí tan triste? ¿Por qué me dejé a mí misma estar tan insatisfecha con la vida?* No sé quien ha cambiado más si Chris o yo, pero ambos hemos cambiado mucho desde aquellos primero días de nuestro matrimonio.

"La gente dice que el matrimonio es un asunto difícil, pero en realidad no lo es. Lo más difícil es admitir qué tan egoísta es usted y después tratar de cambiar, dejar de ahogarse en la autocompasión, mirar alrededor y darse cuenta quién necesita ayuda y después ayudarle en vez de quejarse. La cosa más importante que he aprendido acerca del matrimonio me fue dicha por una mujer anciana de 70 años. Me dijo que dejara de sentir lástima por mí misma y que principiara a ser una mejor esposa y madre. No soy una experta en cuanto al matrimonio o cualquier otra cosa, pero le diré lo que sé, Billie estaba en lo correcto".

La relación matrimonial entre un hombre y una mujer es la relación más deleitosa y desafiante en la vida. Los matrimonios exitosos, aquellos que traen la mayor satisfacción a ambas partes, están basados en la unión y en compromisos significativos hacia Dios y del uno hacia el otro. Cuando estos compromisos son honrados por ambas partes, Dios bendice esa relación y las recompensas son eternas.

David y Lisa Frisbie han sido directores co-ejecutivos de The Center for Marriage & Family Studies (El Centro de Estudios para el Matrimonio y la Familia) en Del Mar, California, Estados Unidos, desde 1982. Su ministerio bíblico de estímulo y entrenamiento para parejas y familias les ha llevado a través de Norteamérica y a más de otras 20 naciones. Han sido co-autores de, *Moving Forward After Divorce and Happily Remarried* (Avanzando Después del Divorcio y Felizmente Otra vez Casados), el cual trata con asuntos del matrimonio y la familia, divorcio y segundas nupcias. Usando muchos ejemplos de la vida real, ellos hablan y escriben con esperanza y sentido del humor acerca de los desafíos en la relación matrimonial.

Libros incluidos: *Moving Forward After Divorce and Happily Remarried* (Harvest House Publishers).

3 Comunicación básica en el matrimonio

DON HARVEY

SABÍA QUE LOS PROBLEMAS DE KENNY Y SU-ZETT tenían algo que ver con la comunicación, porque en el formulario de información de las personas, ambos mencionaron: "Tenemos problemas de comunicación en nuestro matrimonio". Mi único contacto previo con la pareja había sido una conversación por teléfono con Kenny para establecer una cita. Así que éste era mi primer encuentro cara a cara con ellos.

¡Qué experiencia! Kenny era un hombre enorme. Literalmente él llenaba todo el pasillo. Aunque se necesitaba ser siempre cuidadoso en cuanto a hacer algún comentario brusco, yo podía ver que, sólo por su tamaño Kenny parecería ser amenazador. A diferencia de Suzette, quien era de una estatura recatada, Kenny era gigantesco.

Problemas de comunicación. Kenny trabajaba en un negocio en donde la agresividad interpersonal era muy bien recompensada. ¿Funcionaría esto también en su matrimonio? ¿Podría haber aquí un problema o cuestión de poder? Quizá la naturaleza argumentativa, intimidante y convincente de Kenny les había traído a la consejería. Fue sencillo crear esta idea, o al menos considerarlo como una posibilidad. Sin embargo conforme su historia se desplegaba, mis primeras suposiciones se contradijeron.

Las emociones que guiaron a Kenny y a Suzette para venir a una sesión de consejería fueron muy distintas, y en una extensión más amplia, estas diferencias reflejaban cómo cada uno veía la jornada matrimonial. Suzette era inquieta y preocupada. "Temerosa" podría ser la mejor palabra, no de Kenny sino de su relación. Ella estaba decidida a trabajar en cualquier problema que surgiera de la sesión de terapia. Ella dijo, "Yo sé que Kenny no está contento, pero yo estoy optimista. El venir aquí es el primer paso. Sé que podemos arreglar cualquier cosa que no está funcionado".

Kenny, por otro lado, no parecía estar tan optimista. De hecho, conforme la sesión avanzó, se podía ver que él se estaba sintiendo sin esperanza y dudoso de que algo se pudiera hacer para ayudar a su relación. Kenny confesó que desde el principio de su matrimonio no había sido feliz, algo que él había mantenido en secreto. El era extremadamente sensible al rechazo personal, por eso había evitado el conflicto. Él nunca había compartido con Suzette acerca de sus temores de rechazo o descontento. Así que por años, cualquier cosa que le frustrara, lastimara o desagradara por algo que Suzette hizo o falló en hacer, se lo guardaba para sí mismo. El resultado fue predecible. Primero, nada se había resuelto entre los dos. Y segundo, Kenny llegó a estar más molesto e insatisfecho. Con el tiempo, el enojo de Kenny se tornó en resentimiento, lo cual es una reacción común. De hecho, yo defino resentimiento como enojo con una historia. Y es allí dónde él está ahora, resentido.

Antes de esta primera sesión, Suzette no tenía ni una sola idea de los sentimientos reales de Kenny. Ella se dio cuenta que en ocasiones él estaba distante, pero ella no podía leer su mente y simplemente lo notaba como malhumorado. El grado y naturaleza de la duración de la infelicidad de Kenny era algo nuevo para ella. Frustrada ella lo confrontó: "Yo no sabía qué tan grande era tu infelicidad. ¿Por qué no me lo dijiste? Lo que en verdad me frustra es que yo ni siquiera tuve la oportunidad de tratar de solucionar algo de eso. No teníamos que llegar a este punto. Pudiste haber hablado conmigo al respecto".

Las palabras de Suzette eran tristes pero verdaderas. No tenía que haber llegado hasta este punto. Dos adultos razonables, brillantes, articulados y bien educados podrían haber lidiado y resuelto estos conflictos que por naturaleza surgen en el matrimonio.

Pero claramente ellos tenían un dilema. Ahora se encontraban a sí mismos en una terapia con metas separadas. Suzette había llegado para trabajar en el matrimonio y restaurar su relación. Su deseo era el de volver a ganar el afecto de Kenny y una vez más volver a contar en la vida de él. Kenny había venido a finalizar la relación. El no tenía esperanza. Él ya había terminado.

¡TENEMOS PROBLEMAS DE COMUNICACIÓN!

Siempre es interesante ver en una lista los problemas de comunicación como una razón para buscar consejería. Esto puede significar diferentes cosas. Algunas veces puede significar que la pareja discute mucho y tiene un estilo de comunicación caracterizado por palabras penetrantes, lanzando púas verbales. Por lo tanto, los asuntos raramente serán resueltos. Algunas veces esto significa que la relación está dañada por el silencio y el drama. El tratamiento de la ley del hielo o una mirada penetrante es toda la comunicación que hay. Y algunas veces podría ser mucho más sutil que cualquiera de estos dos escenarios. Una sutil y aún más, mortalmente fracasada comunicación podría ser la mejor descripción para Kenny y Suzette. Sus problemas de comunicación fueron más lo que no se había dicho que lo que sí se había dicho. Ellos se mostraron cordiales, aun cooperadores. ¿Quién podría haber sospechado que algo estaba mal? Obviamente no Suzette. Pero algo *estaba* mal, desesperadamente mal. El matrimonio de Kenny y Suzette estaba en crisis. Aunque fue la crisis que les trajo a la terapia, fue la pobre comunicación lo que les trajo a la crisis.

Kenny y Suzette honestamente mostraron sus estilos de comunicación, justamente como usted y como yo. Un antiguo adagio dice que una manzana no cae muy lejos del árbol donde creció. Recibimos muchos de nuestros rasgos y hábitos de nuestros padres, ya sea que los aprendimos por observación o heredados a través de sus genes. Yo creo que hay algo de verdad con los adagios de las manzanas y los árboles, pero el aprendizaje es un poco más complejo que lo que el proverbio sugiere. También aprendemos, por lo que yo llamo *sobreviviendo al hogar.* Vivir en el entorno de nuestras familias tiende a traer comodidad y seguridad a nuestras vidas. Yo llamo a esto el crisol de la experiencia. Es diferente a simplemente modelar el comportamiento de nuestros padres. En el crisol de la experiencia es cómo Kenny aprendió a evadir el conflicto. Su madre era una mujer fuerte y dominante. Como una madre soltera con tres hijos varones tenía que ser. Ella esperaba que sus hijos se comportaran responsablemente. Si no lo hacían, las cosas se ponían intensas. Kenny observó a sus hermanos mayores desafiar la autoridad de su madre, cada uno compitiendo por el control. Él detestó el sentimiento que este tipo de lucha le causaba. Era como vivir en una zona de combate. Así que en vez de seguir sus pisadas, él aprendió lo que consideró una mejor forma: anda solo y mantente solo. Kenny descubrió que era más seguro no ajustarse al sistema. Razonó que si él se mantenía fuera de la línea de fuego y no creaba problemas, las cosas irían mejor. También aprendió que si toleraba las situaciones, eventualmente todo se calmaba.

Usted probablemente se está preguntado por qué Kenny continuó siendo de esta forma aún después de salir de casa. Bueno, tome un minuto para mirar al espejo. Usted probablemente está haciendo la misma cosa. Todos lo estamos haciendo. Cuando estamos en casa, aprendemos a sobrevivir al hogar. Y cuando llegamos a ser adultos, simplemente hacemos una réplica en nuestras relaciones como adultos, lo que parecía que funcionaba para nosotros en el hogar. Estos patrones, hábitos, sensibilidades y tendencias se adhirieron a nosotros. Es como atar a un elefante a una estaca. Todos hemos visto fotografías de enormes elefantes atados a una estaca y nos hemos preguntado por qué un animal tan grande no jala simplemente la estaca de la tierra y se va. Bueno, éste podría. Simplemente no se da cuenta que puede hacerlo. Como usted puede ver, desde que el enorme elefante era un pequeño elefante, ha estado atado a una estaca. Cuando el domador de elefantes inició las prácticas, el animal era muy pequeño y débil como para arrancar la estaca. Aunque creció y se fortaleció lo suficiente como para liberarse, ha invertido demasiados años aprendiendo que no puede hacer nada diferente a lo que ya ha aprendido.

De una manera similar, la evasiva de Kenny hacia el conflicto ha venido a ser un comportamiento aprendido. A pesar de ser mayor, más fuerte y que claramente tiene ahora otras opciones, no lo siente de esa manera. Su comportamiento fue inculcado. Y todos podemos dar fe de lo difícil que es dejar un hábito o un estilo de vida inculcado. El cambio para Kenny requerirá tiempo y una gran cantidad de esfuerzo.

COMUNICACIÓN: ¿QUÉ ES?

Hace algunos años, Jack Annon creó lo que llamó el modelo PLISSIT (por sus siglas en inglés). Su modelo sugiere que cada uno de nosotros puede ser ubicado en uno de cuatro niveles de funcionamiento basado en cómo nos comportamos y en lo que se requiere para cambiar nuestro comportamiento. He ajustado su modelo para hacerlo más aplicable a la relación matrimonial en general y para el propósito de este capítulo, específicamente la comunicación.

Nivel 1: Dar permiso (P)

Las parejas en el nivel de dar permiso pueden cambiar sus relaciones al simplemente dar el permiso para hacerlo. Por ejemplo, algunas parejas experimentan problemas de comunicación, sencillamente porque temen que les pueda guiar al desacuerdo. Incorrectamente ellos creen que tener desacuerdos podría indicar algo negativo acerca de su relación. Estas parejas necesitan entender que el conflicto es parte normal de estar en una relación. Aprender a resolver asuntos actualmente les acerca y les provee a estas parejas el permiso para tratarse mutuamente de manera honesta. Esto a su vez les libera para comunicarse mejor y cambia la forma de relacionarse entre sí.

Nivel 2: Información limitada (LI)

Otras parejas necesitan un poco más de ayuda para lograr un cambio. Necesitan algo de información limitada. Por ejemplo, en vez de simplemente otorgarles permiso para tener desacuerdos, algunas parejas necesitan más aclaración, tal como:
- Identificar el comportamiento evasivo (¿Qué se ha evadido?)
- Proveer una descripción total de las diferentes maneras para evadir el lidiar con asuntos (¿Cómo ha sido evadido?)

- Identificar y aclarar las diferentes razones por qué uno o los dos individuos podrían haber estado evadiendo los problemas (¿Por qué se ha evadido?)
- Explicar las consecuencias de la relación si ellos no cambian su forma.
- Enseñar cómo se ve la buena comunicación.

Armados con estos nuevos entendimientos, las parejas están listas para hacerle frente a los problemas de una forma diferente y más productiva.

Nivel 3: Información específica (SI)

Algunas parejas simplemente no han aprendido a cómo comunicarse efectivamente. Estas parejas necesitan más información específica o ayuda en desarrollar estas habilidades importantes. Las habilidades de entrenamiento pueden ser obtenidas a través de la lectura de material instructivo específico, asistiendo a seminarios, o participando en actividades de entrenamiento. Buscar buena consejería antes del noviazgo y del matrimonio (prematrimonial) es de incalculable valor, las cuales deberían ofrecer un espacio basado en la experiencia para desarrollar estas habilidades.

Nivel 4: Terapia individual/por pareja (IT)

Algunos individuos o parejas tienen algún tipo de problema, ya sea individual o de relación, que necesitará ayuda externa. Por ejemplo, Kenny trajo a su matrimonio la sensibilidad al rechazo, tan intensamente que aunque él sabía que lo mejor para su relación era lidiar con su problema, aún así evitaba hacerlo. Algunas veces dentro del matrimonio se desarrollan problemas de relaciones no saludables. Estos patrones relacionales no productivos surgen a través del tiempo y casi siempre van acompañados con emociones importantes y negativas, tales como amargura y resentimiento. Ya que ambos, Kenny y Suzette, poseían patrones relacionales individuales, no productivos, ni saludables, se requería una intervención matrimonial para cambiar su comportamiento y resolver las emociones negativas.

La mayoría de las parejas se encuentran a sí mismos en los Niveles 1, 2 ó 3. Ellos pueden tomar la información ofrecida en este capítulo, hacer adaptaciones para que funcione en su relación y traer el cambio necesario a su comportamiento personal o de relación. Sin embargo, si como Kenny y Suzette usted se encuentra a sí mismo atrapado en el Nivel 4, probablemente necesitará más que simplemente información. Como pareja, usted necesitará buscar la ayuda de un terapeuta capacitado. Porque la comunicación juega un papel importante y crucial en el desarrollo de una relación exitosa. Es absolutamente vital que las parejas hagan el esfuerzo necesario para obtener las habilidades necesarias para una buena comunicación.

EL MEJOR LADO DE LA COMUNICACIÓN: VIVIR LA VERDAD CON AMOR

En algunas ocasiones ayuda a entender lo que es, sabiendo lo que no es. Con eso en mente, permítame hacer la pregunta ¿Qué es una mala comunicación? Las parejas que participan en retiros y seminarios matrimoniales generalmente tienen mucho que decir al respecto. "Es cuando tu esposo te escucha mientras está viendo su juego favorito en la televisión". Aunque a algunos de nosotros ahora en el nuevo milenio nos gusta poner un giro positivo a este comportamiento llamándole "multitareas", sigue siendo una mala comunicación. "Es cuando tu esposa te hace una pregunta, y antes que tengas la oportunidad de contestar, ella te dice por qué lo que estás diciendo está equivocado". "Es cuando tu esposo no te dice todo y más tarde tú descubres el resto de la historia. ¡Eso es muy engañoso!" Podría seguir y seguir con estos ejemplos de la vida real, pero creo que usted ya captó el punto. Estos ejemplos de una pobre comunicación nos proveen un reflejo de algunos aspectos cruciales de la buena comunicación, como el prestar atención, escuchar y la honestidad.

La amonestación de Pablo de "[vivir] la verdad con amor" (Efesios 4:15) pone un estándar alto por el cual vivir pero también resume mucho de lo que aquellos que enseñan lo básico de la comunicación parecen identificar como los ingredientes claves para una buena comunicación. Examinando estas características de la buena comunicación nos puede ayudar a comprender cómo vivir la verdad con amor con aquellos por los cuales nos interesamos.

La buena comunicación es honesta

Muchos cristianos se ofenderían con la simple sugerencia de que ellos tal vez son deshonestos. Sin embargo, cuando se trata de honestidad en la comunicación, muchos de nosotros parece que erramos tanto como aquellos que no proclaman ser cristianos. No quiero decir que necesariamente nos preparamos para mentir intencional y deliberadamente a nuestro cónyuge, pero tampoco somos totalmente veraces. Con frecuencia no hablar la verdad se hace por razones bien intencionadas. Le colocamos un giro cándido: "No quería herir sus sentimientos" o "esto simplemente le iba a incomodar". Nos convencemos a nosotros mismos que la nobleza y la amabilidad matan la honestidad. Sin embargo, no ser totalmente veraz es una forma de deshonestidad. Si la honestidad es una característica esencial de una buena comunicación, entonces, ¿qué efecto tiene esta forma de deshonestidad sobre nuestras relaciones?

En mi práctica he descubierto que la deshonestidad toma dos formas comunes: deshonestidad con emociones y deshonestidad en compartir la verdad en su totalidad.

Honestidad emotiva. Las personas que son emotivamente honestas les dicen a otros cómo se sienten en realidad. "Estoy triste, enojado, herido, frustrado o confuso". Cuando compartimos nuestras emociones y sentimientos, los problemas y asuntos pueden ser resueltos más fácilmente y las relaciones llegan a ser más íntimas. En vez de hablar con Suzette acerca de cómo él se sentía, Kenny interiorizó sus emociones y creció su resentimiento. Por el hecho de no ser honesto, Kenny perdió una oportunidad de ser comprendido y valorizado, y Suzette perdió la oportunidad de llegar a conocer a su esposo. Como pareja, ellos perdieron la oportunidad de resolver los sentimientos negativos y acercarse más como pareja. La reconciliación principia con la honestidad y eso significa vivir la verdad con amor.

Ser totalmente veraz. En medio de frustración, Sherry compartió, "John no formula declaraciones elaboradas. Él simplemente omite los asuntos importantes. Es evidente que él no ha tomado el concepto de 'la verdad, toda la verdad y nada más que la verdad'. Y por causa que él no lo ha hecho, no le puedo tener confianza. Técnicamente, John me dice la verdad. Quiero decir, él no me dice nada que sea falso. Así que una vez más, técnicamente él cumple con el criterio de 'nada más que la verdad'. Es con la parte 'toda la verdad' de la fórmula que él queda corto. Intencionalmente él me confunde y es por eso que no le puedo tener confianza".

John verdaderamente no capta esto. Simplemente se encoge de hombros y admite que ha omitido un detalle o dos, pero que era simplemente para proteger a Sherry. El no quería que ella se molestara, preocupara o lo que fuera. Su respuesta a la incomodidad de ella fue "pero yo no te estoy mintiendo". En realidad, John *había* sido deshonesto. La deshonestidad no se limita a decir mentiras descaradas. Cualquier cosa que confunda o mal interprete la realidad puede tener resultados devastadores para una relación. La consecuencia para la relación de John y Sherry fue un distanciamiento emocional. Dicho sencillamente, usted no se puede acercar a alguien en quien usted no confía. Si la comunicación en el matrimonio no es totalmente honesta, es imperfecta y falla al estándar bíblico. "Hable la verdad" y usted estará en la senda de construir una relación saludable.

La buena comunicación es amorosa y apropiada

Virginia Satir, una terapeuta familiar de renombre, en una ocasión definió a las familias saludables como seres humanos tratándose unos a otros humanamente. Esta no es una mala reflexión. Yo creo que esto se aproxima a lo que Pablo estaba diciendo cuando nos amonesta a vivir la verdad con amor. No solamente debo hablar la verdad, también necesito preocuparme de cómo lo hago, por qué lo hago, y de mi actitud cuando lo hago. La buena comunicación también debe ser una comunicación apropiada.

Si estoy hablando la verdad pero mi actitud es errónea, si tengo amargura o resentimiento o quiero lastimarle porque usted me ha lastimado, entonces no estoy hablando con amor. Este tipo de comunicación solamente servirá para alejarlo en lugar de acercarlo más. Su insistencia de "yo solamente le estoy diciendo la verdad" podría ser verdad, pero es la motivación o actitud al decir la verdad lo que está creando el problema. Si mi meta al decir la verdad no es realmente el traer solución y procurar juntarnos, sino en vez de eso quiero debatirle algo, ganar, avergonzarle, rebajar lo que usted ha dicho, o controlar la situación, entonces estoy fallando al estándar bíblico. Y por último, si estoy hablando la verdad de tal manera que estoy cerrando la comunicación porque soy gritón y argumentador o estoy usando expresiones intimidantes y gestos, no me estoy comunicando con amor.

En 1 Corintios 13 podemos echar un vistazo a cómo se ve una comunicación con amor. Allí la podemos encontrar descrita con términos como paciente, que todo lo sufre, que no es engreído y no se comporta rudamente. Esto habla bastante a los asuntos de cómo, por qué, y la actitud apropiada. Para que la comunicación entre los cónyuges sea buena, productiva, constructiva y bíblica, no debe ser solamente verdadera, debe también encontrar su motivación en el amor.

APLICANDO ALGUNAS TUERCAS Y TORNILLOS A LA COMUNICACIÓN

La comunicación involucra mucho más que palabras. Se reporta que el 85% de lo que es transmitido en una conversación no es verbal, una inflexión de su voz, una mirada, una mirada de reojo, un suspiro, un movimiento de ojos. Estas señales apoyan y enfatizan las palabras que usamos. Esto nos guía a otro aspecto de la comunicación, congruencia.

Congruencia significa que debe haber consistencia entre las palabras que se hablan y las otras expresiones no verbales, las cuales dan significado al mensaje. Por ejemplo, si su cónyuge le pregunta si usted quiere ir a cenar a un restaurante mexicano y usted contesta, "por supuesto", pero continúa la frase con un suspiro y una mirada de exasperación, usted está enviando un mensaje mezclado. Sus labios podrían estar diciendo sí, pero todo lo demás de usted está diciendo no. Este tipo de inconsistencia en la comunicación (incongruencia) seguramente confundirá a su cónyuge. Es aquí en dónde la amonestación bíblica de dejar que su sí sea sí y su no sea no (Mateo 5:37) podría aplicarse. Diga lo que es y sea lo que dice.

La retroalimentación es otra parte esencial de una buena comunicación. Jan y yo tenemos una fuente de agua en el patio trasero: una vasija grande con un burbujero (una vasija de cerámica de la cual el agua fluye). En este invierno la dejamos fuera pensando que el agua tal vez no se congelaría si dejábamos el agua correr continuamente. ¡Qué error! El agua *sí* se congeló, y la vasija se quebró. Entonces comenzamos a pensar si era buena idea repararla o si sería mejor reemplazarla. Finalmente decidimos reemplazar la vasija vieja y comprar una nueva. Después de mucha discusión y sintiendo lo mismo, decidimos reparar la vasija vieja de todas formas.

Una mañana mientras estaba saliendo de casa, Jan me pidió que colocara la vasija reparada de regreso en el *burbujero*. Yo contesté, "ya lo sé, es lo mismo que me pediste que hiciera anoche". La implicación precipitada fue que yo no estaba tan viejo como para estar teniendo problemas de memoria y que había escuchado su petición la noche anterior cuando por primera vez me pidió que lo hiciera. "¿Y cómo iba yo a saber eso?" preguntó Jan.

Lo que ella estaba diciendo era que, a pesar que ella lo había pedido la noche anterior, yo había fallado en responderle. Ella no tenía manera de saber si aún había escuchado su petición. Porque soy un introvertido, hay muchos diálogos que se graban en mi mente pero parece que nunca llegan a mi boca. Yo en verdad pensé que le había respondido. Sin embargo, esa respuesta no había sucedido, y Jan todavía estaba buscando un simple entendimiento de que yo había escuchado su mensaje. Por causa que fallé en darle una retroalimentación, nuestra comunicación estuvo incompleta.

La retroalimentación verifica que el mensaje entre las dos partes fue recibido y entendido. El mensaje en verdad está incompleto hasta que el que lo envía sabe que él o ella han sido escuchados. La retroalimentación puede ser algo tan sencillo como un asentamiento visual con la cabeza o una sonrisa de entendimiento. Con más frecuencia, sin embargo, involucra un poco más que sólo entendimiento. Una buena retroalimentación confirma a quien envía que el mensaje intencionado es en realidad el mensaje recibido. Confirma que lo que fue dicho es lo que fue escuchado y lo que fue escuchado en realidad es lo que fue dicho. Esto podría involucrar una simple reafirmación: "Así que tú quieres que use el burbujero viejo". O podría involucrar una aclaración: "Permíteme ver si te he escuchado correctamente. ¿Estás diciendo que quieres que use el burbujero viejo y no el nuevo?"

Ya que mucho de lo que comunicamos no es verbal, utilizar constantemente un círculo de retroalimentación podría prevenir el mal entendimiento y guiar al descubrimiento. La retroalimentación entre usted y su cónyuge puede ser útil para descubrir algunas emociones ocultas: "yo sé que estamos hablando de vasijas y burbujeros, pero pareciera que hay algo más que está sucediendo aquí. ¿Estás molesto por algo?

Los círculos de retroalimentación también pueden ayudarnos a lidiar con el problema inherente de cada una de las personas al tener diferentes perspectivas. Me refiero a esto como cada cónyuge viendo al otro a través de diferentes tipos de lentes. Cuando le digo algo a Jan, tengo la ventaja de saber lo que quiero decir o intento decir. Conocer mis propias intenciones, hace que me de las gracias a mi mismo. Soy un tipo muy agradable. No es mi intención herir sus sentimientos. No soy intencionalmente insensible. Sin embargo, Jan no puede leer mi mente, así que ella no conoce mi intención. Es natural para ella ver lo que estoy diciendo a través de un par de lentes diferentes, aquellos que le afectan. Por lo tanto, no conocer mi intención, no tener la claridad que yo he tenido al respecto de lo que quiero decir puede llevar a un mal entendimiento.

Para combatir el mal entendimiento, la buena comunicación entre cónyuges utiliza una retroalimentación cercana y constante. Al aprender a usar los círculos de retroalimentación (tales como entender, repetir, aclarar, preguntar cuando usted esté confundido, revisar posibles inconsistencias), usted encontrará que las percepciones equivocadas y malos entendidos pueden ser evitados o reconciliados.

PONGAMOS LA COMUNICACIÓN BAJO EL MICROSCOPIO

Creo firmemente que si hablamos correctamente podemos crear un matrimonio exitoso. Igualmente creo que hablando (o no hablando) a nuestra manera podemos crear un matrimonio problemático. Habiendo invertido tres décadas trabajando con parejas de todas las edades, duración de matrimonios, y en una variedad de lugares en su desarrollo relacional, he sido sorprendido con el hecho de que cuando nos comunicamos pobremente, lo hacemos generalmente de una de dos maneras: (1) fallando en tratar o (2) fallando en compartir.

Fallando en tratar

Evadiendo el conflicto. Kenny y Suzette son un ejemplo de una pareja que falló en tratar los problemas negándose a enfrentar las emociones negativas que surgieron en su relación. Su dificultad no estuvo en tener conflictos, mejor dicho, estuvo en no afrontarlo.

El conflicto es parte normal de cualquier relación íntima. No importa cuánto ame usted a la otra persona, van a haber tiempos cuando usted diga o haga algo, o falle en hacer o decir algo, lo cual cause dolor, frustración, o desilusión. Podrá ser totalmente sin intención o el resultado de una mala comunicación, mala interpretación, o mala percepción. Nada de eso en realidad importa. Los sentimientos son los sentimientos, y hasta que no son atendidos, ellos serán una tensión en su relación. Entonces, ¿qué va a hacer usted cuando esto suceda? La respuesta a esta pregunta determinará si su relación avanza en la dirección que Dios ha diseñado para el matrimonio o no.

Las parejas tienen dos alternativas básicas cuando enfrentan emociones negativas; pueden lidiar con ellas o evadirlas. Hay consecuencias para ambas. Evadir el conflicto significa que los problemas y los sentimientos hirientes continuarán sin ser resueltos. Esto es lo que Kenny hizo. Usted podrá pensar que racionalizar sus sentimientos los hará mejor. Esto es lo que Suzette hizo al razonar: "Él en realidad no quiso herir mis sentimientos de esa manera. Si lo menciona, eso hará que él se moleste más". Usted aun podrá creer que evadir el conflicto es la manera cristiana de hacerlo.

Independientemente de la motivación o racionalización que usted use para apoyar su elección de evadir el conflicto, todo guía hacia las mismas consecuencias: enojo y resentimiento. Evadir solamente construirá un muro emocional en lugar de atraerles más el uno al otro, ciertamente esto no es la meta del matrimonio.

Por otro lado, tratar con el conflicto permite que haya una posibilidad de solución. Yo reconozco que usted está tomando un riesgo y que no hay garantías. Pero también sé que si nada se arriesga, nada se gana. Podría ser que usted ha tratado de hablar acerca de algo y no ha resultado ninguna solución. Si eso sucede, usted podrá tratar algo más o buscar ayuda externa. Recuerde: Con la solución vendrá intimidad emocional, estabilidad matrimonial y crecimiento en su relación. Eso para mí no parece ser una mala inversión. Y ciertamente bien vale la pena el riesgo.

Fallar en compartir

Siendo evasivo con la intimidad. La relación matrimonial es profundamente compleja, y es importante reconocer que una relación matrimonial siempre incluye más que asuntos de comunicación. Aun cuando los problemas de comunicación están ausentes, siempre hay algo más sucediendo, lo cual puede llevar al matrimonio a una crisis.

John y Diane vinieron para consejería habiendo tomado algunas decisiones mayores concernientes a su matrimonio. Probablemente la decisión más crucial fue su determinación por permanecer casados. Por algún tiempo ninguno estaba seguro de querer permanecer casado, pero la pareja ha trabajado, cada uno por sí mismo por esa decisión tan importante. Ahora era el tiempo para tratar con la reconexión emocional.

Diane resume su preocupación principal de esta manera: "John no me deja entrar". John tiene la tendencia a ser muy introvertido. Él hablaba con Diane acerca de cosas superficiales: trabajo, hijos, a dónde irían tal vez de vacaciones, que es lo que harían con el patio de la casa y la lista continúa. Él era una parte activa, responsable y funcional de la familia, siempre hacia su parte justa del trabajo de la casa. Pero cuando se trataba de compartir las cosas profundas de su vida así como el hablar de sus sentimientos, John simplemente no estaba dispuesto a comunicarse.

John aprendió su método de comunicación (o no comunicación) al ir creciendo. Él ha manejado las cosas en el hogar guardándoselas él mismo para sobrevivir. Se dio cuenta temprano en la vida que el abrirse emocionalmente podría acarrear experiencias no placenteras, especialmente de parte de la crítica de su padre. John aprendió que es más seguro esconder sus emociones para que así nadie pueda usarlas en su contra. Como sucede frecuentemente en estos casos, cuando John entró al matrimonio, él simplemente continuó la estrategia de sobrevivencia que le funcionó mientras iba creciendo en el hogar. La consecuencia de su estrategia fue una relación segura pero emocionalmente distante con su esposa. Esta estrategia casi terminó su matrimonio en divorcio.

Evadir la intimidad al fallar en compartir los sentimientos personales es muy común en el matrimonio. Con evadir no me estoy refiriendo solamente a la expresión de emociones negativas tales como frustración, enojo y dolor. También me refiero a evadir emociones positivas: hablar acerca de lo que le hace feliz o le entristece; compartir su gozo, sus sueños y anhelos de su vida; hablar acerca de lo que Dios le ha estado diciendo a usted y lo que usted le ha estado diciendo a Dios; hablar acerca del amor, sus temores y sus preocupaciones.

Llegar a estar emocionalmente en intimidad con su cónyuge al hablar de sentimientos personales profundos es crucial para el crecimiento de su relación matrimonial. Tal revelación invita a su cónyuge a ser parte de su propia vida. Esta manera de compartir de lo profundo del corazón fortalece y profundiza su relación matrimonial, trayendo cercanía y conexión.

Un matrimonio saludable necesita de conexión emocional. Donald Joy explica esto en su libro *Bonding: Relationships in the Image of God* (Lazos Afectivos: Relaciones a la Imagen de Dios) cuando él nos describe como "seres para lazos afectivos" y "creados para la intimidad".

En un sentido espiritual, para esto fuimos creados, para tener esta experiencia con Dios. A nivel humano, para esto fuimos diseñados, para tener esta experiencia en nuestro matrimonio. Usted puede ayudar a que su matrimonio permanezca conectado, al compartir profundamente y al invitar *a* su vida a la persona más significativa *en* su vida.

COMUNICACIÓN: UN ACTO DE AMOR

En el matrimonio, la comunicación se trata de amor. Como usted ya lo sabe, es difícil definir el amor. Por un lado, podríamos definir el amor como un sentimiento, una emoción o como indefinible, una química relacional. Por el otro lado podríamos preferir una definición más académica como la de Robert Sternberg. Él sugiere que el amor está compuesto por tres cualidades separadas: pasión, intimidad y compromiso. Yo estoy a favor de todas estas definiciones. El amor es una emoción y tienen pasión, intimidad y compromiso. También creo que el amor tiene un perfil.

Cuando en realidad estamos enamorados, hay cosas que hacemos las cuales comunican ese amor. Esa comunicación dice constantemente: "Te amo, eres la persona más importante para mí en el mundo". Esta comunicación es más que palabras, está subrayada por mis actividades y acciones. Esta comunicación es amorosamente honesta y siempre busca lo mejor para el ser amado. Y aun si el enojo y la confrontación están presentes, siempre habrá esperanza para una solución positiva y avanzar a un nuevo nivel de confianza e intimidad. Estas acciones proveen un perfil, una serie predecible de acciones, las cuales expresan pasión, intimidad y compromiso.

No hay ninguna relación humana en nuestras vidas en dónde esta clase de comunicación amorosa sea más importante que en nuestro matrimonio. Y las habilidades de comunicación no son heredadas ni son secretos místicos, éstas pueden ser aprendidas. Como cristianos, se nos necesita recordar que tenemos una ayuda final y definitiva en nuestra búsqueda por una comunicación efectiva con nuestro cónyuge: la presencia del Espíritu Santo. Él ha prometido ayudar a ambos a través de nuestra jornada.

Por lo tanto, ya sea que usted y su cónyuge estén enfrentando problemas de gran importancia o estén compartiendo su visión para el futuro, recuerde que Dios está con ustedes y el riesgo de comunicarse con su cónyuge honesta y cabalmente bien vale la pena el esfuerzo.

Recursos (sólo en inglés)

Annon, J. S. Behavioral Treatment of Sexual Problems. New York: Harper and Row Publishers, 1975.

Couple Communication Program, Littleton, Colorado, <www.couple-communication.com>.

Harvey, Donald. The Drifting Marriage. Grand Rapids: Fleming H. Revel Publishers, 1988.

———. I Love You—Talk to Me! Grand Rapids: Baker Book House, 1996.

———. Love Decisions: A Dad Talks with His Daughter About Lasting Relationships. Nashville: W. Publishing Group of Thomas Nelson Publishers, 2003. <www.harveytherapy.com.>

———. Love Secured: How to Prevent a Drifting Marriage. Grand Rapids: Baker Book House, 1994.

———. Talk Your Way to an Intimate Marriage. Grand Rapids: Baker Book House, 2000.

Heitler, Susan. The Power of Two. Oakland, Calif.: New Harbinger Publications, 1997.

Joy, Donald. Bonding: Relationships in the Image of God. Nappance, Ind.:Evangel Publishing House, 1997.

Miller, Sherod, et al. Connecting with Self and Others Littleton, Colo.: Interpersonal Communications Programs, 1988.

The New English Bible, 2nd Edition. Oxford, England: Oxford University Press, 1970.

Satir, Virginia. Peoplemaking. Palo Alto, Calif.:Science and Behavior Books, 1990.

Wright, H. Norman. Communication: Key to Your Marriage. A Practical Guide to Creating a Happy, Fulfilling Relationship. Ventura, Calif.: Regal Books, 2000).

Don Harvey tiene un Ph.D. doctorado en terapia matrimonial y familiar y mantiene su práctica privada de terapia en Nashville, Tennessee, Estados Unidos. Por los últimos 13 años, él ha sido profesor de la escuela de postgrado de psicología en la Universidad Nazarena de Treveca, en dónde dirige el programa de postgrado para terapia matrimonial y familiar. Don es invitado frecuente en los medios de comunicación y es orador en conferencias profesionales nacionales. Ha publicado más de 10 libros sobre temas de matrimonio. Juntamente con su esposa Jan llevan adelante diversas experiencias de fortaleza matrimonial y sirven en Marble Retreat, un ministerio comprometido a ofrecer sicoterapia intensiva centrada en Cristo para parejas ministeriales en crisis.

Libros incluidos: *The Drifting Marriage* (Fleming H Revell), *When the One You Love Wants to Leave* (Revell), *Talk Your Way to an Intimate Marriage* (Revell), *Surviving Betrayal: Counseling an Adulterous Marriage* (Baker Books), *A Change of Heart: Restoring Hope in Marriage* (Ravens Ridge Books), *Love Decisions: a Dad Talks to His Daughter About Lasting Relationships* (W Publishing; division of Thomas Nelson).

4 El camino hacia la resolución del conflicto

JAN M. HARVEY

JANET SE SENTÓ CON SUS OJOS ENFOCADOS EN EL PISO. Su esposo, Chad, sentado al lado opuesto de ella y mirando hacia fuera por la ventana, meditabundo presionando el botón de un bolígrafo. El cuarto estaba lleno con la tensión entre ambos. Habían venido desesperados, declarando: "Necesitamos ayuda para reparar nuestro matrimonio". Ambos estaban enojados y heridos; ninguno tenía palabras amables para con el otro. Casados por sólo ocho meses, ellos sentían como si estuvieran al final de la cuerda. El asunto era la impuntualidad crónica de Chad. Como hijo único, él había sido criado en un ambiente relajado, un estilo permisivo en el cual sus necesidades siempre fueron primero. Janet, la mayor de cuatro hermanas, viene de un hogar en donde la organización y responsabilidad eran necesarias y esperadas.

"No le puedo creer", Janet bruscamente habló al iniciar la sesión. "Cada vez que tenemos un compromiso para salir con algunos amigos, me siento avergonzada. Reacciona como si todo el mundo estuviera feliz de esperar a que él aparezca. Estoy cansada de dar excusas por él. Estoy cansada de tratar que él llegue a tiempo. Estoy cansada de tratar de explicar cuánto me lastima esto. Simplemente no le interesa. ¡Estoy cansada de sentir como si fuera su mamá!"

"Yo también estoy cansado", dijo rápidamente Chad en su defensa. "Estoy cansado de estar siendo empujado todo el tiempo. No puedo tener un momento en paz sin que ella me diga que es lo que sigue en el horario. ¡Me está volviendo loco!"

Mientras todavía eran novios, ellos habían discutido sus sentimientos concernientes a la puntualidad. Aunque Janet había reconocido la tendencia de Chad de llegar tarde, ella lo había disculpado para poder mantener la paz. Siendo que Chad nunca había sido confrontado con la severidad del problema, él continuó haciendo las cosas como de costumbre.

Después de que se casaron, Janet principió su plan de transformar a Chad en una persona más responsable. Ella le contó de su frustración con su constante impuntualidad, pero parecía como que él no escuchaba sus preocupaciones. Cuando las palabras no funcionaban, recurría a métodos más disimulados. Ella principió a preparar la ropa para él. Adelantaba los relojes para hacerle apresurarse. Ella aún tenía amigos que le daban citas más temprano de lo que en realidad eran. Chad tampoco recibió las acciones disimuladas de Janet. Él se enojaba. Ella se sentía lastimada. La culpa y los señalamientos aumentaron, llegando a ser más y más destructivos. Chad y Janet pronto experimentaron su primer mayor conflicto matrimonial.

MATRIMONIO Y CONFLICTO

Este conflicto, y otros como este, son normales en el matrimonio. En cualquier relación, especialmente en una relación íntima, los conflictos son normales. Tal vez debería decirlo una vez más: Los conflictos son normales. Recientemente, en una sesión de consejería antes del compromiso de casamiento una joven dijo, "estoy principiando a comprender que el tener discusiones no significa que no estemos hechos para estar juntos. Si nuestra meta es la de resolver nuestros problemas, podemos hacerlo". El descuerdo matrimonial es la manera por la cual un cónyuge intenta mostrar al otro que él o ella es una persona con pensamientos y sentimientos únicos. También es un intento de comprender, aceptar y respetar.

En una relación saludable, cada individuo juntamente con sus ideas debe ser escuchado y valorado. Deben tener la libertad de expresarse sus pensamientos y sentimientos uno hacia el otro, al tiempo que esos sentimientos deben ser valorados como significativos y vitales para el desarrollo de confianza. La seguridad que usted tiene al poder confiar en su cónyuge al valorar sus pensamientos y sentimientos no solamente es la piedra fundamental del matrimonio, también es la clave para resolver los conflictos. Por lo tanto, las preguntas son las siguientes:

- ¿Puede su cónyuge confiarle a usted sus pensamientos y sentimientos?
- ¿Provee usted un medio ambiente seguro en el cual las preocupaciones de su cónyuge pueden ser expresadas?
- ¿Se preocupa usted más acerca de estar en lo correcto que de los sentimientos de su cónyuge?
- ¿Se da usted cuenta que el bromear o devaluar los sentimientos de él o ella daña el alma de su cónyuge y con toda seguridad también daña su relación?
- ¿Puede su cónyuge confiarle para que usted escuche sus preocupaciones sin ponerse a la defensiva?
- ¿Sabe su cónyuge que usted le valora aun cuando están en desacuerdo?
- ¿Entiende usted que de la manera que ustedes resuelven los conflictos afectará directamente el éxito de su matrimonio?

Si yo pudiera darle a usted un sólo consejo, sería este: *Aprendan a cooperar para resolver los conflictos.* La resolución de conflictos es una habilidad la cual puede ahorrar dolores de cabeza, ofensas y heridas mortales en su matrimonio. Por razón que es una habilidad, puede ser aprendida –como manejar una bicicleta. Y así como aprender a manejar una bicicleta, toma tiempo y práctica.

Este capítulo puede ayudarle a aprender las habilidades de la resolución de conflictos. Sin embargo, y si el problema lo justifica, no vacile en obtener ayuda adicional de parte de un pastor o un consejero cristiano.

Recuerde: El conflicto es normal, pero las investigaciones muestran que la persistente evasión del conflicto es la causa número uno de divorcios en los Estados Unidos. Continúe leyendo.

EL CONFLICTO: ¿POR QUÉ ES TAN DIFÍCIL?

Hay diferentes tipos y niveles de conflicto. Si le pregunto a usted ahora mismo acerca del último conflicto que tuvo con su ser amado, ¿podría decirme qué fue? ¿Fue un pleito, un desacuerdo, un callejón sin salida? ¿Cómo lo resolvieron? Algunas veces resolver el conflicto es tan sencillo como el escuchar y comprender. Otras veces, la resolución es mucho más difícil.

Para la mayoría de nosotros tratar con el conflicto no es fácil. Lo evadimos porque no queremos sentirnos tensos o arriesgar el afecto de aquella persona a quien necesitamos confrontar. Tal vez evadimos el conflicto porque de niños no vimos que el conflicto se resolviera eficazmente en nuestros hogares. Algunos de nosotros nunca vimos a mamá y papá discutir. ¡Ah! pero sí lo hicieron, pero esto tomó lugar detrás de las puertas cerradas. Como resultado, muchos de nosotros no tenemos modelos o patrones eficaces para la resolución del conflicto los cuales podamos imitar en la relación con nuestro cónyuge. Muchos de nosotros fuimos testigos del dolor y destrucción que el conflicto sin resolver puede traer y por lo tanto lo evadimos a cualquier precio, aun hasta el punto de negarlo.

Un joven describe la vida de su hogar de la siguiente manera: "Mi padre era la roca inmovible, y nosotros éramos el agua siempre fluyendo alrededor de él. Nunca podíamos discutir abiertamente algún problema, por lo tanto yo aprendí a cómo manipularlo para tener mis necesidades suplidas". Luego él hace esta confesión: "Yo no quiero traer este mismo patrón a mi matrimonio". ¿Cómo trataban sus padres con el conflicto?

Deténgase por un momento e identifique el proceso. ¿Cuándo había un conflicto en la familia, quién hacía qué? ¿El conflicto era evadido? ¿Había enojo y gritos? ¿Algunos individuos reaccionaban pasivamente y cedían? ¿Había gestos y el trato silencioso?

Lo más probable, es que usted -como un cónyuge- todavía anticipa y práctica el mismo proceso. Aun a pesar de que no hubiera funcionado bien, es algo familiar, y usted sabe cómo hacerlo. Pero, ¿está funcionando en su matrimonio? La realidad es que sin una resolución efectiva, el conflicto puede destruir la intimidad de una pareja. Sin una resolución positiva, el esfuerzo que debió haber sido invertido en resolver el asunto se enfoca en la evasión del mismo. Por lo tanto, es crucial que las parejas aprendan a tratar con el conflicto matrimonial de una manera saludable.

EL CONFLICTO Y LA PAZ

El apóstol Pablo declara que los cristianos deben vivir en paz: "Si es posible, y en cuanto dependa de ustedes, vivan en paz con todos" (Romanos 12:18). Sin embargo, algunas veces confundimos paz con la ausencia de conflicto. Pensamos que el traer una situación disgustará a nuestro cónyuge, por eso lo evadimos o guardamos nuestras frustraciones dentro de nosotros, convenciéndonos a nosotros mismos que el asunto no es lo suficiente importante para perturbar la paz. Eventualmente, a través de un período de años, nos quedamos enfrentando muchos conflictos sin resolver que nos llenan de enojo y resentimiento. Esto no es paz.

La intención de Dios es que viviéramos pacíficamente con otros, especialmente con nuestro cónyuge. Sin embargo, la paz verdadera se encuentra en la honestidad. El vivir como una pareja de casados y constantemente manipular la verdad para evadir el conflicto guía a la frustración y miseria matrimonial. En términos sencillos y directos, la base —el fundamento de una sólida relación— es la veracidad. El vivir de cualquier otra manera es demasiado trabajo y al final destruye.

¿Recuerda a Janet y al "impuntual crónico" de Chad? Aunque Janet reconoció que ella tenía un problema con Chad, ella falló en compartir honestamente qué tan vergonzoso fue esto para ella. En vez de arriesgar herir los sentimientos de él, ella ignoró el problema y llegó a sentirse mucho más frustrada. También ella racionalizó erróneamente pensando que cuando se casaran ella lo "compondría" al ayudarle a vencer este problema.

Cada persona en una relación de adultos debe tomar la responsabilidad por sus propios sentimientos y acciones. Una vez que Janet disimuladamente principió a "ayudar" a Chad con su impuntualidad, ella principió a tratarle como a un niño. Chad resintió la ayuda de Janet. Había entrado al matrimonio como un adulto, y ahora se sentía como un niño siendo manipulado. Y como con todos los adultos, Chad era responsable de participar en cambiarse a sí mismo, y Janet ha tratado de quitar esa responsabilidad de él. Si Janet hubiera sido honesta y hubiera confrontado a Chad con sus sentimientos, él habría tenido la oportunidad de tomar la responsabilidad por sus actitudes y acciones.

Las siguientes son algunas pautas para seguir mientras usted va por el camino de la resolución de conflictos.

Inicie con el tanque lleno

El matrimonio es un viaje. Y un matrimonio exitoso, así como un viaje exitoso, incluye planeamiento, preparación, participación y perseverancia. El conflicto en el matrimonio es solamente un aspecto del viaje. Usted debería planear sobre el conflicto en su matrimonio. Haga los preparativos necesarios para lidiar con asuntos que surjan. Determínense a trabajar con sus problemas como un equipo. La preparación efectiva para la resolución del conflicto en el matrimonio requiere de tres cosas: (1) abnegación, (2) amor genuino y respeto por su cónyuge, y (3) flexibilidad.

Antes de tratar de resolver el conflicto, dese cuenta que el problema es el problema, no su cónyuge. Cuando traten con problemas, cada cónyuge debe estar dispuesto a comprometerse a lo siguiente:

- Resolver el problema sin querer tener la razón.
- Tomar responsabilidad personal por su parte en el problema.
- Participar activamente en la resolución del problema.
- Mantenerse enfocado en el problema y no descarrilarse por otros asuntos.

Steve y Susan vinieron a mí para consejería matrimonial. Cuando se trata de un asunto, Steve habla por un rato. Sin embargo, cuando se trata de discutir alguna parte que él posiblemente tuvo que ver en el problema, él muestra los rasgos como de una persona teniendo un ataque de pánico. Cierra sus ojos, retuerce las manos, corre los dedos por entre su cabello, agita su respiración, traga con fuerza y principia a enrojecerse. Fue toda una escena. Susan inmediatamente retrocede de la conversación y cambia el enfoque de la discusión en un intento de ayudar a Steve a salir de su abrumador estado.

Después de descartar cualquier asunto físico real y entender que como hijo único, Steve era famoso por sus rabietas temperamentales, principié a observarle más de cerca. El era un manipulador muy hábil. Por medio de estos episodios, Steve controlaba a todos en su hogar. Toda la familia tenía miedo de hablar de cualquier cosa que pudiera "estresar" a papá y provocar uno de esos episodios. Después de varios años de evadir el poner en estrés a papá, toda la *familia* principió a mostrar señales de estrés.

Después de algunas sesiones, vino a ser evidente que Susan, su esposa, también estaba participando en el problema. El método de Steve de evadir el conflicto era el de actuar estresado de una manera extrema, y el papel de Susan era el de retirarse para que el episodio de Steve terminará. El resultado a largo plazo fue que tanto Susan como Steve ya no se sentían emocionalmente cercanos.

Steve y Susan remarcaron un hecho interesante acerca de la resolución de conflictos. Cuando una pareja eficazmente resuelven juntos un asunto, la intimidad entre ellos inmediatamente crece. Piense en esto: *¡la intimidad siempre viene después de la resolución sana!* Es uno de esos momentos de celebración cuando ambos se sienten excelentemente bien. Aún más importante, se sienten seguros en su relación. Esta seguridad viene de saber que usted y su cónyuge resolvieron un conflicto; por lo tanto, ustedes pueden hacerlo una vez más, sin importar cuán difícil sea el problema. Ustedes son un equipo justamente como Dios planeó que fueran. Resolver mutuamente un problema ayuda a unir a la pareja y esa unión es el fundamento de la confianza y la intimidad.

No exceda el límite de velocidad

Saber cuándo dirigirse a un problema —asunto de tiempo— es una parte crítica del éxito en la resolución del conflicto.

Primero, cuando identifique un problema, inmediatamente notifíquelo a su cónyuge. No espere hasta mañana para ver si el asunto todavía pesa. Trate con el problema hoy, de una manera amable y tranquila. Muchos problemas pueden ser resueltos al momento. El ofensor casi siempre desconoce que el comportamiento de él o ella es problemático. Al identificar el problema inmediatamente, su cónyuge tiene la oportunidad de (1) conocerle mejor, (2) disculparse o explicar su intención, y (3) cambiar su comportamiento. Problema resuelto.

Segundo, considere su habilidad presente para pensar o razonar a través de lo cual podría ser un asunto emotivo. Cuando tengo sueño, el mundo puede estar en guerra fuera de mi casa, y yo no me voy a preocupar. En ese punto yo no tengo la habilidad o el deseo de involucrarme en una conversación profunda. La regla concerniente a las conversaciones en nuestro hogar es, nada difícil después de las 10:00 p. m.

Tercero, no trate de resolver un asunto cuando usted esté enojado. Cuando usted está enojado, su cerebro cesa de procesar información. Resista la urgencia de defenderse. Es mejor simplemente declarar, desde su perspectiva, lo que sucedió y expresar sus sentimientos. Sin embargo, cuando el enojo está comenzando, se recomienda que ambos tomen un tiempo de receso. Y este tiempo de receso debe ser respetado. Después, usted necesita hacer una cita con su cónyuge para discutir el asunto de una manera más productiva. Aquí está cómo el proceso podría ir: "Querida, cuando hiciste aquella declaración, yo me sentí herido y subestimado. Estoy enojado ahora. Necesito calmarme antes de que discutamos esto. Te amo, y quiero que tratemos esto, ¿podríamos hablar de eso después de la cena?" Este escenario establece exactamente cómo se siente usted, cuál es el problema, y cuándo usted planea resolverlo. También ayuda a aliviar la ansiedad y disipa algo de su enojo.

Permítame decir algo acerca del enojo. Enojarse no es un pecado (Efesios 4:26). Es como una alarma de humo que le permite saber cuando algo no está bien y necesita ser tratado. El enojo es una respuesta emocional que le permite saber que usted ha sido lastimado, frustrado, traicionado o atemorizado. Generalmente una de estas cuatro causas está en el centro de nuestro enojo. La habilidad de identificar el asunto que está en la raíz de su enojo es una habilidad muy valiosa, y ayudará a prevenir futuros conflictos. Cuando usted se da cuenta que se ha enojado o que ha actuado enojado, deténgase y piense acerca del por qué se siente enojado. ¿Está lastimado? ¿Tiene usted algún temor?

Cuarto. *Declare* sus sentimientos. No gritar, azotar la puerta, levantar tierra al salir a toda velocidad con su automóvil o hacer berrinche. El reaccionar físicamente en lugar de hablar nos hace ver más bien como animales. Declarando lo que usted siente generalmente impide que estallen otros comportamientos negativos. Planee una resolución positiva, y no apresure el proceso. Permítanse a ustedes mismos 30 ó 60 minutos para discutir el asunto. Personalmente, algunas de nuestras peores experiencias al resolver problemas han sucedido cuando hemos estado en el automóvil y hemos tenido un tiempo limitado. Por eso no tratamos de resolver nada mientras vamos de camino a la iglesia. Un asunto sin resolver puede obstaculizar un estudio bíblico y la adoración. Mi esposo y yo tuvimos que ponernos de acuerdo en no discutir un problema, ya sea mientras vamos de camino a la iglesia o asistir a una iglesia que está a una hora de distancia. Hemos optado por el plan A.

Obteniendo buenas direcciones

Ya sea que esté comprometido, recién casado, o casado por muchos años, usted probablemente está consciente que su responsabilidad y la de su cónyuge continuamente chocarán si no es que ya lo han hecho. ¡Tengo buenas noticias! Cualesquiera que sean sus patrones de resolución de conflictos, no es demasiado tarde para aprender a hacer lo correcto. Si aún usted está temprano en su relación, sepa que los problemas actuales se quedarán con ustedes por todo el resto de su matrimonio. No es aconsejable ignorar el problema o hacer a un lado las habilidades necesarias para la resolución del conflicto. Sin embargo, no es común ver cambiar dramáticamente la actitud de una pareja cuando juntos resuelven un conflicto en la consejería. Es una tremenda motivación y un gran alivio el que la pareja se dé cuenta que en una hora un asunto que había sido un gran problema pudo ser resuelto con un mutuo acuerdo.

Después de una sesión de consejería con Chad y Janet, ella observó: "Ah, usted no sabe cuánto significa esto para nosotros. Me estaba empezando a preguntar si es que había cometido un gran error al casarme con Chad". Las parejas comprometidas con frecuencia piensan que pueden tener cada asunto resuelto antes de caminar por el pasillo de la iglesia. Sin embargo, no es poco común que una pareja necesite ayuda para aprender los pasos de probada calidad para resolver los conflictos durante las primeras ocasiones que enfrentan asuntos difíciles. Idealmente, estas habilidades pueden ser aprendidas en sesiones prematrimoniales. Si no, no se tarde en buscar ayuda de un pastor, consejero o terapeuta quien ha sido entrenado en la resolución de conflicto. Veamos juntos estos pasos.

Escuche. Todos necesitamos ser escuchados y comprendidos. Investigaciones sicológicas confirman que el ser comprendido por otra persona es una de nuestras más grandes necesidades. Un individuo maduro hará cualquier esfuerzo en conocer y amar a su cónyuge. Esto incluye ambos, vulnerabilidades y fortalezas. La clase de matrimonio en el cual un cónyuge se siente amado y comprendido también es un matrimonio en el cual la seguridad relacional e intimidad han sido cultivadas. Mi suposición es que la mitad de las discusiones en el matrimonio suceden porque el cónyuge que expone el asunto no siente que la otra parte en realidad ha entendido su perspectiva. Por lo tanto, un escuchar intencional es vital en la relación matrimonial.

En el matrimonio de Chad y Janet, Chad ha renunciado a escuchar. El papel de Janet se ha degenerado a quejarse, gruñir, y a manipular. No toma mucho tiempo oyendo de sus gruñidos y quejas antes de que él saque sus tapones para oídos mentales. Oye su voz pero ha dejado de escuchar lo que ella estaba diciendo. Mientras ella habla, Chad desvía su atención a otras actividades, tales como el periódico, la televisión o planeando su próxima actividad. El estaba mentalmente kilómetros alejado.

Usted puede ser un *escuchador* y no un *oidor*. Cuando usted es un buen oyente, usted escucha el clamor del corazón de su cónyuge. Usted enfatiza y trata de comprender lo que él o ella en realidad está sintiendo. Cuando compartimos nuestras preocupaciones y sentimientos, estamos compartiendo nuestros pensamientos más privados, únicos y especiales. Si usted hace broma de los sentimientos o ideas de su cónyuge, usted herirá profundamente su alma. Usted simplemente se ha colgado un letrero de su cuello que dice: "¡No es seguro compartir conmigo!" Su cónyuge tendrá dificultad en confiarle sus pensamientos y sentimientos en otra ocasión.

Las emociones son únicas. Ellas no son correctas o erróneas, ellas simplemente *son*. Las emociones son reales para la persona que las experimenta. Nunca cuestione los sentimientos de su cónyuge. Simplemente acepte, crea y trate de sentir empatía.

A menudo cuando nuestros cónyuges nos cuentan sus preocupaciones y cómo se sienten, nosotros principiamos a planear nuestras refutaciones y dejamos de escuchar. Cuando verdaderamente escuchamos para comprender, nos preguntamos a nosotros mismos qué es lo *correcto* de lo que nuestro cónyuge está diciendo. Una buena práctica al escuchar es la de repetir a su cónyuge exactamente lo que usted escuchó, incluyendo los sentimientos de él o ella en el asunto. Luego valide los sentimientos que fueron compartidos por su cónyuge. Dígale a él o a ella que usted comprende por qué él o ella se sienten de esa manera. Aún cuando usted no esté de acuerdo con la posición, usted siempre podrá validar los sentimientos. El validar es importante porqué está diciendo, "te amo, te comprendo y te valoro". Este nivel de escuchar hace que el que habla se sienta escuchado. Cuando esto suceda –y no antes– usted está listo para comenzar a resolver el asunto.

Hable preciso. Un contribuyente principal al problema entre Chad y Janet fue que ella nunca le expresó a el, de una manera no amenazante, cómo se sentía en realidad en cuanto a su hábito de impuntualidad. El cónyuge que expone el asunto a tratar debe aprender a ser firme. La firmeza no significa ser insistente o demandante. Significa que usted dice lo que *quiere* o *necesita* decir clara y brevemente, con amabilidad y respeto. No divague. Aprenda a usar oraciones con "yo" y evite oraciones con "tú" lo cual pone a su cónyuge a la defensiva.

Además de declarar sus necesidades, diga cómo se siente cuando sus necesidades no son suplidas. Algunas personas, especialmente los hombres, tienen dificultad con este paso porque no son tan expertos en expresar sus emociones verbalmente. Diga, por ejemplo, "me siento decepcionado que no vamos a poder salir esta noche". Cuando usted introduce una oración con "como" o "que", usted declara un pensamiento –no un sentimiento. Por ejemplo, "tú no me avisaste *que* no íbamos a salir esta noche". Esta habilidad generalmente toma algo de práctica, porque estamos acostumbrados a hablar acerca de lo que pensamos y decir que eso es lo que sentimos.

Cuando se está aprendiendo esta habilidad de comunicación, es importante no interrumpir a su cónyuge hablando por encima de el o ella. Declarar su necesidad mientras que su cónyuge está declarando la suya no resultará en un gran entendimiento. Espere su turno y entonces exprese su necesidad. Añada cómo se siente cuando esa necesidad es suplida. Dé un ejemplo conforme sea necesario y manténgalo dentro de pocas oraciones sencillas. En breve, piense en la comunicación como comida en pequeñas porciones en vez de un banquete de siete platillos. Su oyente puede procesar solamente una cierta cantidad de información a la vez. Di consejería a una joven quien era muy extrovertida y expresiva. Aprender a comunicar bien en unas cuantas palabras fue muy difícil para ella. No fue sino hasta que le limité a 10 segundos de presentación que ella lo captó y principió a reflexionar en sus pensamientos antes de hablar. Sin embargo, ella aprendió a hacerlo y hacerlo bien.

Sea positivo. Esfuércese por formar oraciones en una manera positiva. Por ejemplo, "me gustaría si tú me consultarás antes de planear los viajes de fin de semana con los amigos. Me siento segura y orgullosa de ser tu esposa cuando veo que eres considerado con mis sentimientos". Lo negativo sería, "tú siempre estás planeando los viajes de fin de semana con tus amigos sin consultármelo. ¿No piensas que yo también tengo sentimientos y planes?" Aprender a declarar sus preocupaciones y sentimientos positivamente evita estar en plan de ataque y hace que escuchar sea mucho más fácil.

Manténgase en la pista. Las parejas deben estar alertas de los comportamientos negativos que encienden el enojo y llegan a ser una barrera para el compartir eficazmente. Estos comportamientos son criticismo, culpa, acusación y hostilidad. No hay lugar para estos comportamientos en el proceso de resolución de conflictos. Recuerde, su meta es la de resolver, no la de antagonizar, herir o destruir.

Evite usar el sarcasmo. Evite interpretar lo que usted piensa que la otra persona está diciendo. Por ejemplo: "Ah sí, por supuesto que tú lo sientes. Yo sé lo que en verdad estás pensando". Manténgase alejado de contestar con una pregunta tal como "¿y tú esperas que yo crea eso?" Todos estos son comportamientos a la defensiva los cuales impedirán compartir la información necesaria para comprender y solucionar el problema. Algunos comportamientos no verbales tales como voltear los ojos, suspirar, entre otros, también pueden tener un efecto negativo sobre una comunicación fructífera.

Sea proactivo. Declare de antemano que usted quiere encontrar una solución mutua. Diga, "yo sé que haremos funcionar esto y me encanta cuando lo podemos hacer". Susan Heitler, una psicóloga quien se especializa en la resolución de conflictos, dice que hay tres elementos en una resolución colaborativa:

- Un compartir de información mutua a través de hablar y escuchar respetuosamente.
- Un tono cooperativo caracterizado por actitudes de mutuo respeto, desprovisto de criticismo, culpa, acusación, hostilidad o antagonismo. Los elementos negativos en la situación del problema son tocados sin ataques hacia la otra persona.
- Un resultado de ganar-ganar respondiendo a todas las preocupaciones de ambos participantes en vez de un resultado que da lugar a un ganador y a un perdedor.

Un resultado de ganar-ganar siempre debería ser nuestra meta. Algunas veces tal vez usted piense que es imposible, pero no lo es. Una resolución positiva, amorosa, afirmativa requiere que usted atienda las preocupaciones de las dos personas. Así como el problema involucra a ustedes dos, la solución necesita involucrar el suplir las necesidades de ambos, usted y su cónyuge.

Ponga atención al indicador "servicio pronto al motor"

Asumamos que usted ha escuchado y comprendido las preocupaciones y sentimientos de su cónyuge. Ahora, ¿Cuál es exactamente el problema a resolver? Generalmente la persona con el problema definirá el asunto. Si usted está presentando el problema, haga lo mejor que pueda para identificar claramente el asunto. Si no lo hace, usted tendrá la tendencia de traer otro asunto y desviarse del principal. Yo generalmente sugiero que una pareja escriba el asunto y se refieran a él para ver si se han salido del rumbo.

Veamos una vez más a Janet y Chad. Para Janet, el hábito de Chad de impuntualidad crónica fue el asunto. Para Chad el asunto era que Janet siempre le estaba presionando para moverse más rápidamente o formular un horario para él. Chat siente que nunca tienen tiempo para relajarse. Ambas definiciones son correctas, pero Janet era la que estaba más molesta. Por lo tanto, principiamos con Chad, escuchando las preocupaciones de ella. Conforme Janet aprendió a pensar y a verbalizar lo que ella sentía y necesitaba, ella principió a centralizar el problema. "Chad, necesito que tú nos valores más a mí y a nuestros amigos, lo suficiente como para estar puntual cuando tenemos compromisos ya planeados. Cuando lo haces, me siento importante para ti, como si en verdad fuera lo primero en tu vida". Janet se expresó muy bien a sí misma. Había evaluado lo que *realmente* era su necesidad, lo expresó con certeza y después añadió sus sentimientos positivos.

Chad respondió al decirle a Janet que entendió que lo que ella le estaba diciendo era: "Entonces, ¿cuando estoy a tiempo te sientes importante para mí? No me había dado cuenta que estabas tomando mi impuntualidad como algo personal. No quiero que te sientas sin importancia para mí, tú eres lo primero en mi vida".

Le pregunté a Chad, de lo que Janet había dicho, en qué tenía ella razón. Volteó hacia ella y por primera vez él validó los sentimientos de ella. "Janet, puedo ver cómo te sentías. Nunca había considerado esto de esa manera. No era mi intención que sintieras que no eres importante".

¿En dónde volteamos equivocadamente?

El siguiente paso es para que cada persona declare cuál ha sido su papel en la contribución al problema. Cada persona debería poder enlistar dos o tres cosas que él o ella han hecho para perpetuar o mantener el problema vivo. Por lo general ha sido un comportamiento o una actitud. Tomar responsabilidad personal por ser parte del problema demuestra humildad y generalmente dispersa mucho del enojo. También ayuda a su cónyuge a estar más dispuesto a trabajar con usted hacía una solución.

Chad declaró que había sido egoísta al no interesarse acerca de los sentimientos de Janet y no haber hecho una prioridad el ser puntual. "Yo creo que simplemente deje de prestar atención a las peticiones de Janet y en realidad nunca admití que tenía un problema". Janet admitió que ella había alimentado una actitud de enojo hacia Chad y la había llevado hasta un papel maternal para tratar de cambiarlo. "En realidad nunca pregunté si nos podríamos sentar y hablar acerca de esto. En realidad nunca le dije cómo me sentía". Cada uno de ellos había contribuido a mantener el problema creciendo. Escuchar al otro admitir responsabilidad por el problema ayudó a su actitud para trabajar hacía una solución.

Anticipe retrasos y desviaciones

Después de que ambos se den cuenta y tomen responsabilidad por la parte que cada uno contribuyó al problema, entonces será de ayuda el explorar y analizar las técnicas que en el pasado han usado para resolver los problemas. Pregúntense, "si no ha funcionado en el pasado, ¿porqué seguir tratándolo?" Es difícil cambiar nuestros patrones y hábitos antiguos. Un buen ejercicio es el de escribir lo que se ha tratando anteriormente. Registrar detalladamente los intentos que no tuvieron éxito ayuda a ver más claramente cómo los esfuerzos previos fallaron y puede ayudar a prevenirle a caer en lo mismo.

Chad dijo: "Bueno, yo trataba de escapar, invertir más tiempo en el trabajo, escapar conmigo mismo. Creo que simplemente ignoré a Janet. Nada de eso funcionó. Solamente se enojó más". Janet también examinó sus esfuerzos sin éxito: "Cada día traté de manipularle de cualquier manera posible. Atrasé los relojes. Hice que sus amigos llamarán y establecieran horas más temprano de lo que habíamos acordado reunirnos. Le molesté y le presioné hasta que ya ni siquiera quería estar conmigo. He tomado la responsabilidad de cambiarle en vez de en verdad comunicarle mis sentimientos".

Ambos, Chad y Janet principiaron a darse cuenta del predicamento en el cual habían vivido. Ahora estaban listos para resolver el asunto.

De regreso en el camino

Uno de los tres prerrequisitos para una resolución de conflicto exitosa en el matrimonio es la flexibilidad. Aquí está la razón: creatividad. La gente inflexible hace las mismas cosas de la misma manera todo el tiempo. Parece que no piensan fuera del cuadro. Cuando usted es creativo, se permite a usted mismo ser ajustable. Usted piensa en alocadas y diferentes opciones de comportarse. Lo hace como divertido. A una persona creativa le gusta una lluvia de ideas, diciendo y haciendo lo primero que viene a su mente aún si esto no es práctico. De hecho, puede hasta ser algo ridículo o tonto.

Todos necesitamos de un rato de buen humor en nuestras vidas. Ayuda a ver los asuntos con menos presentimientos. Cuando las parejas optan por tranquilizarse pueden manejar los asuntos mucho más fácil. El buen humor hace que lo que se ve como un gran monstruo parezca más como un animal de peluche.

Tomen asiento usted y su esposa y ofrezcan ideas, tantas opciones como sea posible para la solución de un asunto con el cual estén lidiando. Escríbanlas y pónganse la meta de tener al menos diez ideas. Las primeras ideas tienden a ser las más prácticas, así que continúen, y recuerde, sean creativos. Chad y Janet al principio tuvieron dificultad con esta tarea por que estaban exhaustos de lidiar con el asunto. Pero después que recibieron un llamado de atención, se dieron cuenta y comenzaron su lista de ideas.

Llegaron a tener hasta doce posibles soluciones, tres de la cuales fueron desbordantes y alocadas. Chad comenzó a abandonar su necesidad de estar correcto, y Janet volvió a sentirse con esperanza. Y por primera vez los dos trabajaron como un equipo. Dentro de todas sus ideas, tocaron el asunto de impuntualidad de Chad y lo de Janet de siempre presionarle. Escucharon de todo, desde pegar un reloj con una cinta adhesiva a la cabeza de Chad hasta programar el "tiempo de Chad" para que Janet no lo tenga que programar o apurar. Hablaron acerca de Janet saliendo a los eventos sin él. Chad pidió que por una sola ocasión ella le diera un recordatorio de 15 minutos. Se rieron y bromearon por sus soluciones ridículas y alocadas y en el proceso obtuvieron algunas buenas opciones.

Observe y busque algunas atracciones a lo largo del camino

Una vez que ustedes han pensado en todas las posibilidades, están listos para discutir cuáles considerarán seriamente. Si alguno de ustedes piensa que una solución es posible, eso entra a la lista de consideración. Una vez que ponga una marca en la solución para ser considerada, discuta los pros y los contras de cada opción para resolver el problema. Pónganse de acuerdo en cuanto a cuál opción tratar primero. Discuta detalladamente lo que cada uno de ustedes hará para hacer la solución posible. Es importante ser específico, y para esto ayuda escribirlo. Ambos cónyuges necesitan estar de acuerdo que darán todo lo mejor de su esfuerzo por la solución que optaron. Si la solución funciona, manténgala. Si no funciona, vayan a la siguiente en la lista.

Yo generalmente recomiendo a las parejas que se apeguen a una opción por varios días y después evalúen cómo está progresando. Con frecuencia las parejas deciden tratar al mismo tiempo dos o tres de las opciones. No hay problema con esto. Es excelente. El asunto es que no necesitan quedarse con una sola opción. Recuerde, sea flexible.

Veamos a nuestro ejemplo de Janet y Chad. Ellos decidieron tratar dos de sus opciones. Juntos decidieron en una hora para salir a cada compromiso. Janet iba a dejar de recordarle a Chad del tiempo a menos que él se lo preguntara. Si él no estaba listo para salir a la hora indicada, ella se adelantaría, y después él vendría más tarde. Ella iba a ser responsable por sí misma y permitir a Chad sentirse responsable por él mismo. No más insistencias. Chad iba a establecer su propio horario y añadir algo de tiempo privado. También iba a establecer los tiempos de reunión para actividades futuras con sus amigos. Planeó sentarse con Janet por 15 minutos diariamente para discutir sus sentimientos y progreso.

Chad y Janet salieron de la sesión con una mentalidad muy diferente que cuando llegaron. Janet dijo: "No sabe usted lo que esto significa para mí, para nosotros. Sé que podemos hacerlo. Me siento animada". Chad sonrió y dijo: "Creo que es tiempo que yo sea un esposo para Janet. No me di cuenta cuánto le afectaba a ella mi hábito de impuntualidad. He sido una persona muy egoísta. Siendo un hijo único, siempre he hecho lo que he querido, y eso estaba bien con todos. Es tiempo que madure". Ya no se sienten atacados ni a la defensiva. Tomaron responsabilidad personal para sí mismos y para el futuro de su relación matrimonial.

Como pareja, ustedes no se desanimen si ninguna de sus ideas originales llega a ser una solución permanente. Si ambos de ustedes sienten que sus preocupaciones han sido escuchadas y atendidas, eventualmente ustedes experimentaran el proceso como una situación en que los dos ganan y estarán más abiertos a tratar soluciones similares para los problemas en el futuro. Lo importante es que ustedes han colaborado en vez de estar en contra para trabajar con un plan para resolver su problema.

Cuando usted vea a su cónyuge trabajar en la parte de la solución que le corresponde, haga un esfuerzo especial por reconocerlo y darle las gracias. Planee una celebración o una cita especial para evaluar cómo está funcionando su plan. Ustedes lo han logrado y lo merecen. Son un equipo.

CONCLUSIÓN: ¿YA LLEGAMOS?

Debido a que el matrimonio reúne, de dos trasfondos diferentes a dos personas especiales y únicas, hay algunos asuntos en su relación en los cuales ustedes nunca estarán de acuerdo. Idealmente, esos asuntos son mínimos y no están relacionados con los valores sobre los cuales ustedes basan su vida y su matrimonio. Hay algunos asuntos en nuestro matrimonio que Don y yo sacamos de vez en cuando. Podemos considerarlos una vez más y reexaminar nuestra posición individual. Algunas veces cambiamos nuestro punto de vista, y otras veces no, pero estos no son asuntos que amenazan nuestra intimidad del uno para con el otro. Sentimos que necesitamos mantenernos apegados a algunos asuntos, y hay otros que mutuamente hemos decidido no mencionar. Podemos y de hecho lo hacemos reírnos de nuestro individualismo y aún más, valorarnos el uno al otro por eso.

Si ustedes como pareja están batallando para resolver algún asunto, busquen ayuda externa. Ningún asunto es insuperable, sin embargo hay momentos que como pareja podrán necesitar ayuda de un pastor o un consejero. No teman buscar a una persona que les instruya o a una pareja madura quienes le pueden ayudar a cada uno de ustedes a cómo navegar a través del conflicto. El matrimonio es un excelente viaje. Y aún con los baches en el camino, bien vale la pena el recorrido.

Recursos (sólo en inglés)

Godwin, Alan E. *Rules of Engagement: How to Fight Fair* Nashville: Integrity Resources. Manuscript in press at this writing.

Heitler, Susan. *Confl ict Resolution: Essential Skills for Couples and Their Counselors*. <www.therapyhelp.com>

Olsen, David. PREPARE Assessment Instrument. <www.prepare-enrich.com>.

Jan M. Harvey es una terapeuta matrimonial y de familia especializada en consejería antes del compromiso matrimonial, prematrimonial y matrimonio. Jan está particularmente interesada en el lado preventivo/psicoeducativo de la terapia y disfruta relacionarse con jóvenes adultos. Ella también trabaja con el Career and Conuseling Center en el campus de la Universidad Nazarena de Trevecca. Jan y su esposo Don, disfrutan trabajar juntos para fortalecer los matrimonios y familias cristianas. Con regularidad son invitados a participar en retiros enfocados en el matrimonio a través de todo los Estados Unidos. Son invitados a hablar en los medios de comunicación, y como oradores en talleres prematrimoniales en colegios y universidades. También, profesionalmente dan un mes por año a Marble Retreat (www.marbleretreat.org), un centro de retiro de consejería intensiva, especialmente para parejas de ministros y laicos, en Marble, Colorado, Estados Unidos.

5 Control del estrés en el matrimonio

ROY ROTZ

LA MAYORÍA DE NOSOTROS RECORDAMOS EL DEVASTADOR TSUNAMI el cual azotó la región del océano Índico el día siguiente de navidad del 2005. Vimos las increíbles fotografías en los programas de noticias en la televisión y leímos las historias en las revistas acerca de esto. Hace algunos días vi un documental el cual se enfocaba en el tsunami. La sección más sorprendente fue un video que alguien tomó desde una cima adyacente a la playa en una isla en Tailandia. Los subtítulos en inglés se podía leer la conversación de la persona que filmó el video, quien recalcaba lo extraño del fenómeno que ocurría en el horizonte. Una y otra vez repetía, "¡nunca había experimentado algo similar a esto!" Una línea blanca y borrosa allá lejos en el mar pronto se transformó en un ola gigantesca la cual causó un extenso daño y angustia. La gente en la playa continuó paseándose sin imaginarse nada a pesar de las súplicas que la gente que estaba en los lugares más altos les hacían acerca del inminente desastre. De repente la muralla de agua moviéndose a la velocidad de un tren expreso golpeó ferozmente, barriendo la playa y causando gran inundación. La desolación que ocurrió con muy poco o nada de aviso, va más allá de la descripción o comprensión.

En contraste, por los últimos años he vivido en el medio oeste de los Estados Unidos, en donde a menudo somos susceptibles a sequías y olas de calor. Días frescos y templados pueden variar a un verano húmedo y sofocante el cual cambia totalmente a una persona en falta de energía y motivación. La mayoría de la energía se gasta en los aire acondicionado. Moverse letárgicamente de una obligación a la otra, parece ser la regla a seguir. Anhelado los días frescos de finales de abril y principios de mayo, y preguntándonos, cómo fue que la ola de calor se quedó en nuestras mente.

Interesantemente, estos dos fenómenos bien diferentes del clima ilustran los dos tipos mayores de estrés en las relaciones matrimoniales. El tsunami es como un estrés agudo o crisis que amenaza por barrer totalmente con aquello que nosotros asumimos que es estable. La ola del verano es más como un estrés crónico el cual se forma a través del tiempo, dejando a una persona agotada, desganada y anhelante de las brisas refrescantes de una existencia libre de estrés. La verdad es que el estrés es una parte normal de toda relación. Como un asunto práctico, debemos encontrar maneras para reducirlo para así poder controlarlo.

El diccionario define el estrés simplemente como "una tensión o fatiga mental o física". Las disciplinas clínicas de psiquiatría y psicología han desarrollado descripciones elaboradas acerca del estrés e igualmente teorías complejas acerca de la mejor manera de hacerle frente. Personalmente, a mí me gusta la definición que se encuentra en un prendedor que alguien me dio hace tiempo. "Estrés: la confusión creada cuando la mente de uno anula el deseo básico del cuerpo de obstruir los rayos diarios de luz sobre una persona que desesperadamente los necesita".

¿Suena esto familiar? ¿Se ha visto usted tentado a actuar así? Quien sea que haya definido el estrés de esa manera habla por casi todos nosotros. Es una experiencia común e inevitable. Sucede en cada área de la vida y puede ser especialmente notable en el matrimonio. Idealistamente, habrá una tendencia a eliminar el estrés, pero una meta más realista es la de controlarlo.

EL ESTRÉS Y EL CUERPO

El impacto físico del estrés puede ser remarcable. Los diarios médicos están llenos de investigaciones documentando la correlación entre los altos niveles de estrés y la depresión física. Una persona viene a ser susceptible a enfermedades del corazón, cáncer, problemas pulmonares, y síndrome de una fatiga crónica, solamente por nombrar algunos. En la década de 1930 Hans Selye señaló tres etapas que el cuerpo atraviesa al adaptarse al estrés. La primera es lo que él llama una reacción de alarma, en la cual la presión sanguínea se eleva, el ritmo del corazón se incrementa, el azúcar en la sangre se eleva, y la glándula suprarrenal vierte una carga de adrenalina en el sistema. Los músculos se tensan, las pupilas se dilatan, y el ritmo respiratorio se incrementa en preparación para lidiar con quien se percibe como el que causó el estrés. Como Sherrod Miller lo señala, es "una mezcla de alertas, anticipación, curiosidad y temor".

La segunda etapa es llamada resistencia. La respuesta del cuerpo a esta etapa es la de empezar a resistir y ajustarse a la presión generada por el causante del estrés. Trata de restaurar el sentido de balance. Si la respuesta de la persona es efectiva, el cuerpo regresa a su funcionamiento normal y "descansa y se restaura a sí mismo" antes de ocuparse de la siguiente amenaza.

En esos momentos cuando la respuesta no funciona, lo que causa el estrés continua presente, los sentimientos continúan siendo muy negativos, y la persona regresa a la etapa uno, la etapa muy alerta. Toma una cantidad enorme de energía el mantener esta etapa hipersensible y coloca una excesiva fatiga sobre el cuerpo. Dentro de un tiempo, usted podría ir más allá de la habilidad de ajustarse físicamente y su cuerpo no podría restaurar el equilibrio. La tercera etapa, agotamiento, entonces toma lugar, y un estrés crónico puede guiar a la supresión del sistema inmunológico, lo cual podría causar serias consecuencias a largo plazo.

Interesantemente, el estrés de bajo grado generalmente se puede notar en la tercera parte alta de su cuerpo. Los músculos del cuello se ponen tensos, lo cual puede llevar a los dolores de cabeza. Los hombros se empiezan a enrollar hacia sus oídos. Su respiración de la parte alta de sus pulmones, hacia su boca, resultando en un suplemento insuficiente de oxigeno para su torrente sanguíneo lo cual causa cansancio y fatiga. He notado que esto me ha pasado a mí y he usado ese mensaje físico para alertarme del nivel de angustia.

Consecuentemente, yo puedo optar por escoger el ejercitar algunos aliviadores sencillos de estrés físico los cuales ayudan a reducir la tensión.

Simplemente el sentarse y bajar los hombros puede ayudar a reducir el estrés. Si usted está de pié, baje sus hombros, y deje que sus brazos cuelguen de sus costados. Si está sentado, deje que sus hombros se relajen al dejar que sus codos reposen en los huesos de sus caderas. Luego cierre su boca (con los hombros relajados), y respire profundamente a través de su nariz desde su diafragma. Tome diez respiraciones profundas. Deje que su cabeza caiga hacia su pecho para relajar los músculos del cuello. Permita que sus manos y brazos caigan a los costados. Progresivamente tense y luego relaje los músculos en su cuerpo, comenzando con sus pies y trabajando hacia arriba. En solamente algunos minutos usted se sentirá mucho mejor, menos tenso y fatigado.

FUENTES INTERNAS DEL ESTRÉS

Las fuentes del estrés caen en dos categorías básicas: internas y externas. Las fuentes internas tienden a girar alrededor de cómo me percibo a mí mismo, incluyendo lo capaz que yo pienso que soy y cómo juzgo yo mismo mis acciones hacia otros. El lado negativo de la autopercepción es vergüenza. El lado negativo de las segundas fuentes externas –juzgando mis acciones hacia otros- es culpa. Desafortunadamente, muchos cristianos batallan con niveles altos de angustia interna por razón de una percepción distorsionada de sí mismos. Una de las armas más efectivas que Satanás usa para mantener a gente buena estancada en lugares malos es la vergüenza. Harper y Hoopes define vergüenza como "una emoción en respuesta a una evaluación negativa de uno mismo". Ellos distinguen entre vergüenza y culpa al sugerir que culpa es "una evaluación de comportamiento". La diferencia yace en cómo una persona ve *quien* él o ella es (vergüenza) comparado a cómo una persona ve lo *que* él o ella hace (culpa).

Harper y Hoopes hacen la distinción aún más clara. "La culpa es emocionalmente saludable y un proceso necesario de vivir con otros, siempre y cuando sea una evaluación de comportamiento en vez del ser, guía hacia el cambio de ese comportamiento, y no es crónicamente excesivo". Vergüenza por otro lado, lleva a las personas a "interpretar cada incidente como validación de que tanto sin valor son, cuán malos son, cuán despreciables, que tan incapaces de amar y dar a otros. Todas las personas más propensas a vergüenza también experimentan culpa; sin embargo, en vez de ser saludable, esta culpa es excesiva, crónica e intensa, y raramente produce un cambio de comportamiento". ¿Qué tan diestro es usted para notar la diferencia? ¿La representación de "una persona propensa a la vergüenza" le suena familiar? ¿Le describe esto a usted o a alguien con quien usted vive?

Regresando por un momento al contraste entre al tsunami y la ola de calor, las luchas con la vergüenza tienden a ser más parecidas a la ola de calor. La percepción distorsionada de sí mismo tiende a ser tan arraigada que una persona llega a considerarla como normal y "simplemente así soy yo". Es debilitante y agotador, increíblemente difícil en aquel quien se ve a sí mismo de esa manera e igualmente difícil para aquellos con quien esta persona vive. Poder tomar responsabilidad por las cosas erróneas que hemos hecho (culpa) es una manera bíblica maravillosa de ayudar a aliviar la angustia interna. La confesión del Rey David, registrada en el Salmo 51, es un maravilloso ejemplo del proceso de limpiamiento, alivio y motivación que sucede cuando uno confiesa y se arrepiente.

Cuando la culpa es el problema, yo puedo pedir perdón y recibirlo así como encontrarme a mí mismo en una posición de otorgar perdón a quien me haya lastimado. Sin embargo, cuando la vergüenza es la raíz del asunto, eso es una historia diferente. Si consistentemente me veo a mí mismo como fatalmente defectuoso, indigno, y no digno de amar, encontraré casi imposible una posición objetiva en la cual pueda tomar una responsabilidad apropiada por mis acciones y confesar lo que hice. "Lo ves, ¡yo te lo dije!" es el mensaje distorsionado e interno que la vergüenza trae. La cinta de la vergüenza es tocada una y otra vez: "Tú no eres bueno. Eres un tonto. Nunca lo podrás hacer bien. No es sorpresa que las cosas siempre salen mal".

Cuando estoy atrapado en la vergüenza, tomo una porción desproporcionada de la culpa cuando algo con mi cónyuge sale mal. Él o ella podrán estar respondiendo a un mensaje de culpa en su propia vida y tomar responsabilidad apropiada por su parte en el problema. Él o ella quizá podrán aun pedir u otorgar perdón, pero por razón que estoy atrapado en la vergüenza, no estoy en la capacidad de recibirlo. No me siente merecedor de ningún alivio, indigno de esa clase de amor, y creo que me siento perdido, enredado en el "abismo de la desesperación" como Bunyan tan elocuentemente escribe en *El Progreso del Peregrino*. Puedo responder a la culpa al reconocer y después ajustar lo que hago. Es aún más difícil el tratar con la vergüenza, porqué es más difícil cambiar "quien soy yo". Eso toma una intervención divina.

Hay esperanza para la tendencia a la vergüenza. Las palabras de Pablo en 2 Corintios 5:17 son la más clara expresión bíblica de la provisión de Cristo para la redención y la reconciliación. "Por lo tanto, si alguno está en Cristo, es una nueva creación. ¡Lo viejo ha pasado, ha llegado ya lo nuevo!" En el versículo 21 de este mismo capítulo, él reitera la obra limpiadora y fortalecedora de Cristo en la cruz: "Al que no cometió pecado alguno, por nosotros Dios lo trató como pecador, para que en él recibiéramos la justicia de Dios". A través de Cristo, Dios ha hecho posible que seamos libres, no solamente de la carga de la culpa, sino también de la mancha de la vergüenza. Él ve al pecador arrepentido como una "nueva creación", y no a alguien quien está indeleblemente manchado por el pecado y la vergüenza. La respuesta a la tendencia a la vergüenza es aquella de gratitud por lo que el Señor provee, e igualmente importante, una disposición de soltar la vergüenza. Si Dios me ha hecho nuevo de adentro hacia fuera, ¿quién soy yo para continuar reteniendo la vergüenza de la que Él me ha liberado?

Cuando el basurero llega a mi casa cada semana, yo simplemente pongo las cosas en la acera, y él fielmente lo recoge. No deseo tenerlo de regreso. Tampoco sigo al camión hasta el basurero para ver lo que en definitiva sucede con la basura. No cuestiono al hombre de la basura en cuanto sus intenciones o su destino. Simplemente la pongo en la calle y me olvido de eso. Eso es lo que Cristo quiere que cada uno de nosotros hagamos con nuestra vergüenza. Entréguesela a Él, y permita que Él disponga de ella. Cuando Satanás le tiente para regresar al viejo hábito de vivir con un sentido distorsionado de un ser que está propenso a la vergüenza, ¿puede usted "meterlo a una bolsa" y ponerlo para que el Señor se lo lleve? Cuando usted hace esto, recuérdele al diablo que usted está dando su vergüenza a Jesús, que usted es una "nueva creación", y que Cristo ha quitado y cancelado su poder sobre su vida. Conforme el Señor lo libere usted descubrirá la habilidad de manejar la culpa más apropiadamente, y los estresantes internos comenzarán a disiparse.

FUENTES EXTERNAS DEL ESTRÉS

Los recursos externos del estrés son las circunstancias o eventos que suceden para los cuales usted no está preparado. Las cosas que repentinamente me suceden y sobre las cuales tengo muy poco o nada de control, o que percibo que no tengo ningún control sobre ellas, pueden inducir un agudo estrés: el tsunami. Cualquier persona que ha experimentado el golpe de una muerte repentina de un familiar o un ser amado sabe exactamente cuán devastador puede resultar esto. Si usted ha sido despedido injustamente de su empleo, usted ha sido atrapado en el tsunami. Que su cónyuge le diga que él o ella le deja para irse con alguien más le traerá un doloroso y agudo estrés el cual podría llevar a alguien a la desesperación. La manera más normal por la cual respondemos a este tsunami es el dolor.

Elizabeth Kubler-Ross describe las cinco etapas del duelo o pena que ocurre cuando uno está tratando de sobrellevar una pérdida mayor:

- La negación
- La ira
- El regateo
- La depresión
- La aceptación

Veamos brevemente y más de cerca cada una de estas etapas.

La negación

Negación es el equivalente emocional de entrar a una conmoción física. Es una clase de sensación irreal y adormecedora la cual deja a uno con un sentido extraño de irrealidad. "¡No puedo creer que esto esté sucediendo! Quizá simplemente despierte y esta pesadilla habrá terminado". Estas declaraciones son indicativas de alguien quien está en la primera etapa del duelo de una pérdida. Una persona experimentando negación podrá continuar funcionando por un tiempo corto, pero es solamente porque el duelo emocional ha sido anestesiado por la negación.

La ira

La negación podría dar lugar a la *ira* y a la amargura. Una reacción fuerte en contra de la injusticia de lo que es o ha sucedido puede fluir del corazón o la mente de alguien. La ira podría ser dirigida internamente hacia la inhabilidad de uno para querer comprender lo incompresible. Es común que la ira sea proyectada hacia afuera para con Dios, quien se piensa que está indiferente, o hacia un familiar cercano o un amigo quien está tratando de ayudar. En algunos casos en que la muerte está involucrada, es común que la ira sea dirigida hacia el ser amado que ha fallecido por haber tenido la audacia de morir y dejar en tal predicamento a la persona con duelo y pena.

El regateo

La tercer etapa del duelo, *regateo*, surge cuando la ira principia a disiparse. "Seré el mejor esposo si mi esposa sana [regresa a mi…]". El regateo predomina en esta etapa del duelo. La persona es tentada a cambiar cualquier cosa de sí mismo para obtener un resultado deseado. "Oraré más constantemente, tendré más fe, o testificaré más diligentemente si los efectos adversos son alterados".

La depresión

La cuarta etapa del duelo viene cuando el regateo comienza a perder su impacto y los individuos se dan cuenta que todos los "que si…" y "si solamente…" en el mundo no hicieron ninguna diferencia en el resultado. La *depresión* podría comenzar a regir la vida de una persona. Una tristeza persistente y que todo lo abarca puede pintar a la más brillante relación o la respuesta más positiva con un color negro. La depresión clínica, caracterizada por cambios de apetito considerables, interrupción en los patrones de dormir, una excesiva irritabilidad, dificultad y concentración y/o toma de decisiones, podría amenazar la existencia diaria de alguien quien anteriormente ha funcionado muy efectivamente. La combinación de la buena psicoterapia y los antidepresivos efectivos podrían ayudar a liberar del bajo ánimo y el letargo los cuales son resultados de la depresión.

La aceptación

Finalmente, aquel que sufre podría llegar al convencimiento que las cosas van a ser siempre diferentes y que la vida nunca va a ser la misma. A esto se le llama *aceptación*. "Debo aprender a arreglármelas. Debo encontrar maneras para reconocer la nueva realidad en la cual me encuentro. No me puedo esconder del dolor; no lo puedo minimizar; no puedo cambiar y rehacer lo que ha sucedido" –todas estas son señales saludables de un dolor bueno. Hablando acerca de la pérdida, orando con alguien acerca de la dificultad de ajustarse al dolor, ayudando a alguien quien está atravesando por una experiencia similar son maneras buenas para alcanzar la quinta etapa saludable del ciclo del duelo.

Uno podría esperar atravesar limpia y quirúrgicamente por la primera, luego la segunda y así sucesivamente. Estas etapas, en ocasiones tienen la tendencia a mezclarse todas. Una persona bien podría estar en la tercera etapa, negociando y quizá aún lidiando con la depresión, y algo sucede que le envía a él o ella de regreso a una de las etapas anteriores. De hecho, una persona podría haber pasado bien a través de todas las etapas del duelo cuando algo sucede y la persona es recordada de la tremenda pérdida que ha sufrido y podría regresar a cualquier o a todas las etapas anteriores.

Uno de mis profesores de la universidad perdió a un hijo de ocho años de edad en un trágico incidente al ahogarse. En ese tiempo yo era un estudiante de universidad, el accidente había sucedido unos 10 ó 12 años atrás. Mi profesor dijo que le era muy difícil ver a un grupo de niños de tercer grado caminar por la acera del vecindario, porque le recordaba de su hijo. Regresaba frecuentemente a alguna si no a todas las etapas.

- "Todavía no lo puedo creer..." (negación).
- "¿Dios, por qué permitiste que muriera?" (ira).
- "Daría cualquier cosa por tenerlo otra vez" (regateo).
- "¿Algún día terminará esto?" (depresión).
- "Le extraño tremendamente, pero como cristiano estoy consciente que lo veré otra vez"(aceptación).

Un punto igualmente importante es que es posible quedarte estancado en el dolor nocivo. Esto sucede cuando la etapa final (aceptación) es bloqueada. Una persona permanece en estado de depresión o fluctúa en el ciclo de arriba abajo sin nunca llegar al reconocimiento de la realidad diferente de la vida después de la pérdida. Uno de los síntomas más dramáticos es expresado en el dolor nocivo de los padres quienes perdieron a una hija adolescente en un accidente en un paseo en barco al insistir rígidamente en mantener la habitación de su hija exacta y precisamente de la manera que ella la dejó el día que salió al paseo. A nadie se le permite entrar, y absolutamente ningún cambio es permitido por temor de que su recuerdo y existencia sea borrado por siempre.

Comprender que el dolor es una manera normal de responder cuando el tsunami azota, puede ayudar a guiar a alguien que está en sufrimiento, ayudándole a llegar hasta la aceptación. También puede ser una ayuda para alguien quien desea ser de apoyo y ayuda para un amigo o cónyuge en duelo. A menudo no son las palabras que se dicen pero la presencia del que apoya lo que es más crítico. La Biblia nos recuerda de llorar con aquellos que lloran.

Cuando el tsunami azota su hogar, hable de eso abiertamente. Permita que sus sentimientos sean vistos y percibidos. Identifique la etapa o etapas del duelo, y desarrolle un sentido de lo que a continuación podría esperarse. Haga estas cosas enfáticamente y sin rasgo de enjuiciamiento. Escuche cuidadosamente sin prisas de proveer una explicación o solución. Algunas veces simplemente el ser escuchado es la mejor medicina para todo.

Nuestra sobrina y su esposo, el verano pasado esperaban el nacimiento de su segundo hijo, un pequeño niño. Nació el día del cumpleaños de mi esposa, y por razón de la relación tan cercana que ella y su sobrina Cindy tienen, Daniel Ray rápidamente vino a ser el "compañero de cumpleaños" de Renne. El embarazo no había sido fácil, y los doctores desde el principio estaban preocupados por algunos asuntos de la salud de Danny. Poco tiempo después de que él nació, el personal médico le dijo a Cindy y a su esposo Ray, que en algún momento dentro de su primer año, Danny necesitaría una cirugía correctiva de corazón abierto.

Danny era amado, cuidado, y mimado por sus padres, su hermana Emma, sus abuelos, sus tíos y tías. El batalló para mejorar a pesar de los mejores esfuerzos de la familia y los doctores. El pediatra cardiólogo decidió ir adelante y operar en octubre, cuando Danny solamente tenía tres meses de edad. Se les dijo a Ray y Cindy antes de la cirugía que aun para un pequeño niño como Danny, la operación era "rutina", y que el índice de éxito era del 95%.

Ray y Cindy ansiosamente esperaron en el hospital mientras que los cirujanos comenzaban el procedimiento. Lo que estaba programado para ser una cirugía que durara seis horas duró y se extendió hasta dieciséis horas, y la ansiedad aumentó hora tras hora a través de toda la red de apoyo de familiares y amigos. Muy entrada la noche, el tsunami azotó cuando el cirujano informó a los conmocionados padres que su pequeño bebé había muerto en la mesa de operaciones. Es difícil describir la reacción emocional que acompañó a la devastadora llamada telefónica anunciando desde Idaho la trágica noticia. Renee y yo inmediatamente volamos hasta Idaho para hacer lo que pudiéramos a fin de ayudar.

Lo que vimos en Ray y Cindy, los padres de un bebé que había muerto, no fue nada menos que heroico. Ambos tienen una fe sólida en Dios y son auténticos en cómo expresan su humanidad. Ellos sabían cómo hacer lo que acabo de describir. Ninguno de ellos trató de minimizar la fuerza del golpe pero se involucraron el uno con el otro en una conversación muy abierta. Los sentimientos se expresaron libremente, sin desmoralizar su manifestación. En el curso de sus conversaciones, especialmente del uno hacia el otro,

Ray y Cindy hablaron y escucharon con un profundo aprecio y una total ausencia de culpa o acusación. No había prisa para tratar de explicar lo incomprensible, ninguna presión para lanzar soluciones rápidas, pero suficiente espacio fue dado y tomado para llorar plenamente. La profundidad de su agonía fue compartida indisoluble con el Señor, y ambos reconocieron su respuesta de gracia y amor. En mi opinión, ellos sobrevivieron el poder del tsunami.

ESTRÉS CRÓNICO

Soportar la ola de calor es obviamente diferente. El lento incremento de insistencia, pesadez, tipos de cosas que nunca terminan hacia las cuales me encuentro a mi mismo insensibilizado, pueden guiar hacia un estrés crónico. Una situación de trabajo la cual constantemente demanda más de lo que puedo dar, un infante entrando hacía los "terribles dos" años de edad, un adolescente quien está luchando académica y socialmente, un esposo quien está preocupado con la cadena televisiva de deportes, o una esposa absorta con su álbum de recortes, son ejemplos de la "ola de calor" del estrés. Ninguno de estos posee los peligros inminentes del tsunami, pero cualquiera de ellos puede probar ser agotador y desmoralizante si no se atiende apropiadamente. Si no se controla, la ola de calor puede filtrar una relación hasta el punto que quede muy poco que valga la pena. La persona puede aclimatarse lo suficiente al estrés de la ola de calor que antes que él o ella lo noten, el matrimonio se habrá secado y disuelto, y ambos, esposo y esposa se sorprenderán de cómo sucedió todo esto. Para repetir el punto de Miller acerca del agotamiento, para alguien en estrés crónico simplemente no hay combustible en el tanque.

Muchas veces el estrés ocurre en los matrimonios en tiempos muy predecibles. Siempre que sucede un cambio de desarrollo del ciclo de vida, resulta el estrés por razón de las diferencias antes y después. El cambio no es fácil, aun si es hecho hacia una dirección positiva. Por ejemplo, el principio del matrimonio, marcado por los días de la boda, normalmente es un tiempo muy estresante. Los dos individuos están en el proceso de descifrar cómo unir las dos cuentas de banco, casas, preferencias, familias, emociones, cuerpos, y una multitud de otras cosas. Todo esto es hecho bajo el microscopio de un ritual el cual simboliza a dos llegando a ser uno. Otro cambio del ciclo de vida familiar viene con el nacimiento del primer hijo o hija. Toda la dinámica cambia, y mucha de la energía que anteriormente invertían el uno hacia el otro ahora cambia hacia el pequeño e indefenso niño o niña quien no puede hacer mucho o quizá nada excepto el registrar angustia a un nivel alto de decibeles. La literatura de estudio de la satisfacción matrimonial es constantemente clara: la satisfacción matrimonial generalmente es alta en las primeras etapas del matrimonio y desciende dramáticamente con la introducción de los niños o niñas al hogar. Permanece baja durante los años de crianza de los niños o niñas. Si acaso regresa, generalmente comienza a suceder después que el último hijo o hija es lanzado a la independencia.

Otros ejemplos de desarrollo de cambios del ciclo de vida son cuando el primer hijo o hija empieza la escuela, cuando el último hijo o hija inicia la escuela, cuando los hijos o hijas entran a la pubertad, cuando el primer hijo o hija termina la escuela preparatoria, cuando el último gradúa, y la lista continúa. Añada a esto las otras transiciones con las cuales los matrimonios tienen que negociar, es sencillo ver que el estrés es el resultado de algunas cosas muy normales.

Adelantándonos a los años del otoño en el matrimonio nos provee con ejemplos futuros de las etapas del ciclo de la vida que producen estrés. Que uno o ambos cónyuges se jubilen induce a un cambio increíble de estrés. Con el incremento de la anticipación de la vida, es muy común para una pareja de edad mediana que provea cuidado para unos padres de mayor edad mientras que simultáneamente continúan con el proceso de apoyar a su descendencia de adultos jóvenes quienes están en el proceso de dejar el nido. ¡Hablamos de presión!

ESTRÉS MATRIMONIAL: SÍNTOMAS Y SOLUCIONES

Cuando el estrés ataca al matrimonio, ocurren señales y síntomas. Una de las primeras es un pensamiento en blanco y negro, todas o ninguna clase de respuestas. Las diferencias son situadas en envolturas de ganar-perder o correcto-equivocado. Los patrones fallan en ver objetivamente lo *que* es el problema y fijar defensiva y subjetivamente en *quien* es el problema, o más específicamente, "por qué yo no soy el problema y tú si eres". Un lenguaje global caracterizado por declaraciones como "tú siempre..." o "tú nunca..." podrían llegar a ser la regla en vez de la excepción. Las emociones anulan la lógica, y ambos, esposo y esposa podrían llegar a ser muy reactivos.

Así como el cuerpo se prepara físicamente para lidiar con la amenaza, instintiva y efectivamente nos preparamos para enfrentar una amenaza sea real o percibida. Emocional y relacionalmente uno podría reaccionar de un modo de "pelear, huir o quedarse inmóvil". El que ataca peleará y culpará. El que huye se retraerá en un herido silencio. El que se queda inmóvil simplemente recibe una apariencia de conejo deslumbrado y un cerebro confuso y parece no responder mucho del todo. Siendo que cada uno de nosotros reacciona generalmente diferente; es fácil ver que el estrés puede introducir una dolora cuña aun en la más estable y fuerte de las relaciones. Dado que el estrés es normal en cada relación, a menudo es predecible (la ola de calor), e incluso en ocasiones sorpresiva (el tsunami), ¿Cuáles son algunas maneras en que una persona o pareja lo pueden manejar? Me gustaría proponer un método muy simple que podría ser útil para ayudar a tratar con el estrés en su matrimonio. El "método AAA" podría ser fácil recordar y útil de seguir.

Anticipe

Anticipe tantos estresantes como tan razonablemente pueda. Esto no es para sugerir que usted se quede despierto en la noche con un temor atroz de cuándo cierta clase de estrés atacará. Es decir que tiene sentido el anticipar acerca de dónde está usted en su propio ciclo de vida y qué cambios están a la vuelta de la esquina o en el proceso de acontecer. Esto es, hasta cierto punto, como leer un mapa. El mapa no es el territorio actual pero es una representación. Sin embargo, usted puede ver el mapa y obtener una buena idea de lo que está adelante en términos de curvas y vueltas en el camino, terreno, elevación y sentido de dirección. Encuentre un tiempo para compartir con su cónyuge la información que usted ha adquirido. Señale los peligros que usted ve, y escuche la percepción de su esposa esposo de aquello que podría amenazar o hacia dónde el camino les llevará. Entonces colabore en seleccionar la mejor manera de navegar a través del lugar áspero hacia uno que sea más suave y más manejable.

A Renee y a mí nos encanta el manejar nuestra gran motocicleta de todo terreno. Tenemos un remolque que llevamos para viajes largos. Ella va detrás de mí y sirve como copiloto, o la "mapóloga", como lo decimos en nuestra casa. En el verano de 2004 viajamos cerca de 4,828 kilómetros a través de las montañas del centro y oeste de Colorado. Tuvimos un gran tiempo, con una significativa excepción. Principiamos en Independence Pass para ir hacia el Continental Divide de este a oeste, con el último destino siendo Aspen. Sin embargo, conforme manejamos más y más alto, el camino se hacía más angosto, y las caídas eran acantilados −cientos de metros hacia el fondo. Había estado por este camino muchas veces en auto, pero nunca en motocicleta. Cerca de dos tercios del camino hacia arriba, el vértigo golpeó en velocidad alta, y yo principié a tener una visión de túnel y respiración agitada. No había ningún lugar para regresar con seguridad. Literalmente tuve que convencerme a mí mismo de continuar hasta llegar a la cima y después bajar por el otro lado.

Estamos preparándonos para ir a un viaje aun más largo y otra vez atravesaremos un terreno montañoso. Gastamos una gran cantidad de tiempo estudiando detenidamente los mapas y revisando información en Internet, porque no queremos a travesar por otra situación como aquella. Esto se llama *anticipación*.

Admita

Admita la intensidad y nivel de estrés del uno al otro. No lo embotelle. Encuentre maneras productivas para compartir la presión que usted experimenta sin atacar o culpar. ¿Podría usted decir si esto es una ola de calor (estrés crónico) o un tsunami (crisis)? ¿Es la fuente interna (vergüenza o culpa) o externa (situacional o circunstancial)?

Algunas veces el simple hecho de primeramente identificar la clase de estrés ayuda a calmarse lo suficiente para que uno pueda pensar alguna respuesta proactiva en vez de una reacción de ataque de pánico hacia la presión que está sucediendo. Aun ante una emergencia, tranquilizarse y mantener la cabeza es mucho más productivo que el hacerse pedazos y correr hacia una dirección mucho más peligrosa. Simplemente despegar hacia un vuelo precipitado no es suficiente. Es necesario calmarse lo suficiente para ver hacia cuál camino correr.

Admita ante el Señor la profundidad y nivel del estrés que usted enfrenta. La Biblia es clara en cuanto a que el Señor está presente en cada área de nuestra vida y no nos dejará ni nos abandonará. Nada de lo que le acontezca a usted lo tomará a Él por sorpresa. Él está dispuesto a ayudar cuando el estrés es crónico y aún predecible como la ola de calor. Salmo 119:105 me recuerda que la Palabra de Dios es "Tu palabra es una lámpara a mis pies; es una luz en mi sendero". Quizá yo pueda tener idea de lo que está en la siguiente curva del camino, pero Dios lo sabe exactamente, y Él me guiará. Él ha prometido proveer para mis necesidades (Mateo 6:25-33; Filipenses 4:19). Y Él le ayudará a ir a través de la ola de calor.

¿Pero, qué puedo hacer acerca del tsunami? Escuche las palabras del salmista:

> "Yo amo al Señor porque él escucha mi voz suplicante. Por cuanto él inclina a mí su oído, lo invocaré toda mi vida. Los lazos de la muerte me enredaron; me sorprendió la angustia del sepulcro, y caí en la ansiedad y la aflicción. Entonces clamé al Señor: '¡Te ruego, Señor, que me salves la vida!' El Señor es compasivo y justo; nuestro Dios es toda ternura. El Señor protege a la gente sencilla; estaba yo muy débil, y él me salvó" (Salmo 116:1-6).

¿Se escucha eso como a alguien amenazado por el poder del tsunami? Definitivamente. Dios nos librará en tiempos de estrés extremo.

Una de mis historias favoritas es la de el Rey Josafat cuando fue rodeado por una abrumadora fuerza enemiga. Su pueblo no tenía salida. Una total devastación y destrucción se avecinó. El rey francamente admitió la desesperada situación apremiante en la cual él y su pueblo se encontraban e hizo una oración pública y franca. En mi Biblia he subrayado la porción del versículo que me ha ayudado a atravesar los tsunamis que han amenazado mi vida. Es la última frase de la oración de Josafat; "¡No sabemos qué hacer! ¡En ti hemos puesto nuestra esperanza!" (2 Crónicas 20:12). Eso es admitir honestamente que en una situación como de tsunami en la cual la confianza fue depositada en Aquel quien es más grande y poderoso que la ola misma.

Ajuste

Ajuste al estar dispuesto a buscar ayuda externa y objetiva. Siempre me sorprende cómo muchas parejas vienen buscando ayuda cuando la ola de calor ya ha quemado la relación transformándola en un inhóspito desierto. Igualmente de trágico es cuando el tsunami está avanzando y la pareja está peleando uno con el otro en vez de encontrar una manera de cómo llegar juntos a un terreno más alto. Ambos son destruidos en el proceso. El buscar consejería profesional no es una señal de debilidad, fracaso o indicación de una inminente fatalidad. Es el admitir que el estrés ha sobrecargado la relación matrimonial y es necesaria la ayuda.

Ajuste al tomar la determinación de permanecer juntos en vez de permitir que el estrés "divida y conquiste". Es muy fácil permitir que toda clase de cosas buenas intervengan en las relaciones las cuales en definitiva las arruinarán. Revise el balance en dónde usted invierte su tiempo y energía. ¿Cuánto invierte intencionalmente en aquella persona que más le interesa a usted? ¿Está el trabajo, los pasatiempos, los hijos, o la iglesia consumiendo más de lo que usted debería dar? ¿Su esposo o esposa está recibiendo las migajas de lo que usted tiene para ofrecer mientras que otros proyectos o personas se están llevando toda la barra de pan? Renee y yo somos muy diligentes acerca de proteger tiempo para nosotros dos solamente. Yo creo que esa es una de las razones principales porque seguimos siendo como mejores amigos a través de 35 años de vida matrimonial.

Ajuste intencionalmente al tomar tiempo para liberar el estrés con un tiempo libre. ¿Tiene usted *y toma* un día libre? En muchas ocasiones hago esa pregunta (especialmente con mis amigos pastores), y ellos me contestan, "Yo tengo un día libre". Entonces yo aprendí a hacer la segunda parte de la pregunta —"¿y lo *tomas?*". Con frecuencia la sorpresiva respuesta es no.

¿Han descubierto las cosas divertidas, sencillas y creativas que ustedes pueden hacer juntos o con sus hijos? Hablen con alguien cuyo matrimonio ustedes quisieran imitar, y tomen algunas ideas de ellos. Planeen y tomen unas vacaciones anuales eso crea memorias positivas en un alto nivel. ¡Tomar una semana libre o dos para pintar la casa, arreglar el jardín, o mudar a su suegra a una vivienda de asistencia no cuenta! Aléjese del estrés crónico del trabajo, la casa y la rutina para que estos no lo consuman ni a usted ni a su matrimonio.

Para el tsunami, ajuste al revisar ocasionalmente el "horizonte" y escuchar las opiniones objetivas, la voz de los colegas experimentados o la voz de Dios hablando a través del Espíritu Santo. Mire hacia arriba de vez en cuando para ver lo que hay en el "horizonte". Escuche las voces de experiencia que están a su alrededor para ayudarle a reconocer los señalamiento de peligro en su matrimonio.

Para la ola de calor, ajuste al poner atención a las pequeñas cosas a través de las cuales usted podría insensibilizarse a través del tiempo pero que eventualmente podrían demandar un precio difícil –si no es que imposible- de pagar. Anticipe y admita ante usted mismo, su cónyuge y su Señor. Después tome los pasos necesarios de corrección para manejar el estrés.

Es un hecho en la vida que el estrés es algo constante en nuestras vidas y matrimonios. Sin embargo, una verdad similar es que llegamos a ser individuos y compañeros en el matrimonio más fuertes cuando aprendemos a confiar en Dios y trabajar con nuestro cónyuge para atender las inevitables situaciones estresantes que experimentamos.

Referencias

Harper, James M., and Margaret H. Hoopes. *Uncovering Shame: An Approach Integrating Individuals and Their Family Systems.* New York: W.W. Norton & Co., 1990.

Kubler-Ross, Elizabeth. *On Death and Dying.* New York: Macmillan Publishing Co., 1969.

Miller, Sherrod, et al. *Connecting with Self and Others.* Littleton, Colo.: Interpersonal Communication Programs, 1992.

Roy Rotz actualmente está sirviendo como el decano académico asociado para los estudios de postgrado y de adultos en la Universidad Nazarena de Mid-América. Es un terapeuta clínico licenciado en matrimonio y familia en Kansas y Missouri. Es presbítero ordenado en la Iglesia del Nazareno y ha servido en iglesias de Oklahoma, Texas, Kansas y Missouri. El Dr. Rotz sirve como miembro en la junta de numerosas organizaciones que se enfocan en matrimonio, familia y consejería. Ha enseñado muchos cursos a niveles avanzados en psicología, consejería pastoral, matrimonio y familia.

6 Edificando y manteniendo una relación íntima

VÍCTOR M. PARACHIN

UNA LEYENDA CUENTA DE UN REY JOVEN quien se casó con una adorable princesa. Poco después de su boda, fue necesario que el rey guiara a su ejército a la batalla. Molesto con la idea de estar separado de su flamante reina, caminó solo a través de los jardines de su palacio para un tiempo de reflexión. Haciendo una pausa en el estanque, lanzó una piedrecita dentro del agua y observó las ondas en forma de círculos. *¡Como un círculo es mi amor por mi reina!* Pensó él. *Sin principio y sin fin.* Inspirado por las ondas de círculos, inmediatamente llamó al artesano real y le pidió que hiciera un círculo de oro para que fuera de la medida del dedo de la reina. Cuando el anillo fue terminado, el rey lo deslizó en el dedo de la reina, diciendo: "Este círculo, el cual no tiene principio ni fin, es una señal, en mi ausencia, de mi amor interminable y eterno por ti".

Desde entonces, esposos y esposas han intercambiado anillos como símbolos de su amor. Casi cada pareja que decide casarse lo hace con el más alto de los ideales y el más noble de los deseos. Aun así el arte de combinar dos vidas, dos personalidades, dos carreras y dos perspectivas puede ser desafiante. Casarse es la parte fácil, permanecer casado y mantener una intimidad en la cual se satisfacen mutuamente es un poquito más complejo. Considere las siguientes dos descripciones de matrimonio, la primera de parte de una mujer y la segunda de parte de un hombre.

"Cuando mi esposo y yo comenzamos nuestro noviazgo no podíamos esperar vernos el uno al otro. Había un constante agarrarse de las manos, prolongadas llamadas por teléfono cuando estábamos separados, enviando y recibiendo correos electrónicos todo el día, abrazos y besos al llegar y al despedirnos. Después que nos casamos estábamos absolutamente seguros que nuestro patrón de cortejo continuaría y que no caeríamos en situación apremiante de reducir la intimidad y deseo, descrito con frecuencia por muchas otras parejas casadas. Bueno, poco a poco, estas cosas se acercaron sigilosamente a nuestra relación. A pesar de que no hay duda que todavía nos amamos el uno al otro, el agarrarse de la mano, los abrazos, los besos, las llamadas por teléfono y los correos electrónicos han llegado a ser menos frecuentes. En vez de quedarnos merodeando en la cama los sábados por la mañana, empezamos a levantarnos temprano y a dirigirnos hacia el gimnasio para hacer ejercicio. Recientemente, me he estado atormentando, y preguntándome qué es lo que esto significa y hacia donde nos estamos dirigiendo como pareja".

"No estoy seguro cuándo o cómo sucedió, pero solíamos ser mejor amigo el uno del otro. Cuando mi esposa y yo éramos novios, ella era la persona con quien yo más quería estar. Cuando tenía una preocupación o una alegría, ella era la primera persona con quien lo compartía. Invertíamos mucho tiempo excelente, hablando, hablando y hablando. Hacíamos preguntas, escuchábamos con atención, queriendo saber todo uno del otro. Después que nos casamos, las cosas comenzaron a cambiar, muy lentamente, muy sutilmente. Hablábamos menos, hacíamos menos preguntas acerca del uno y del otro, caímos en una rutina, y yo creo, empezamos a tomarnos el uno al otro por hecho. Al principio la distancia entre nosotros era difícil de notar, pero continuó creciendo y ampliándose. Cuando somos indiferentes, en realidad no comunicamos profundamente y rara vez experimentamos una intimidad. Cuando hablamos, nos quejamos más que lo que comunicamos. Estoy llorando la pérdida de la amistad e intimidad que solíamos disfrutar y no estoy seguro cómo volver a obtenerlas".

Estas experiencias matrimoniales son muy desafortunadas. Cada pareja de tiempo en tiempo tendrá diferentes opiniones y puntos de vista y diferentes expectativas de intimidad y necesidad. La buena noticia es que estas diferencias pueden ser reconciliadas. A continuación tendremos algunos pasos claves para edificar y mantener la intimidad. Estos pasos pueden ayudar a sobreponerse a la distancia que algunas veces sucede en el matrimonio, y restaurar la felicidad y satisfacción mutuamente como pareja.

COMIENCE POR COMPRENDER LA INTIMIDAD

Busque la palabra "intimidad" en diferentes diccionarios, y encontrará definiciones tales como "cercanía; amistad cercana o cálida; un sentimiento de mutua pertenencia; momentos compartidos; sentimientos de cercanía; conocer a alguien profundamente; sentirse comprendido, amado, apreciado; crecimiento mutuo cercano". La intimidad es un ingrediente básico en cualquier relación significativa e importante. Es la base para una relación matrimonial de amistad y fundamento. Intimidad es más que algo físico. De hecho, una relación integral, saludable e íntima, está compuesta por cinco aspectos:

Intimidad intelectual: es la liberad y comodidad de compartir sus pensamientos, ideas y puntos de vista con su compañero sabiendo que será escuchado y evaluado. Puede significar cualquier cosa desde compartir puntos de vista obtenidos de la lectura de un libro o la reflexión del noticiero mundial o algún asunto que surgió en el trabajo.

Intimidad social: se logra invirtiendo tiempo juntos y apoyando los intereses y eventos de la vida de la otra persona. Por ejemplo, ella asiste a la reunión navideña de la oficina del trabajo de su esposo aun a pesar que ella en particular no disfruta con los colegas de su esposo. El asiste al concierto con ella aun a pesar que él podría estar en casa viendo un evento deportivo por televisión. Otro ejemplo: ambos están presentes en los eventos atléticos, musicales y culturales de sus hijos o hijas. Las intimidades sociales tardan para desarrollar un sentido de trabajo en equipo.

Intimidad emocional: se logra compartiendo y siendo de apoyo en los sentimientos y emociones que experimenta su cónyuge. Su compañera está preocupada por su peso e inicia una dieta. Usted le apoya y quizás se une a ella. Su esposo, quien nunca se ha considerado a sí mismo un atleta, quiere entrenarse para una maratón. Aun a pesar que significará dos y tres horas de carreras de entrenamiento en los fines de semana, usted le anima, porque usted sabe qué importante es para él el desarrollar esta área atlética. El compartir y apoyar los marcos emotivos de cada uno profundiza y solidifica la intimidad relacional.

Intimidad espiritual: es un nivel de comprender que la oración, el estudio bíblico y la adoración son actividades importantes que son apoyadas por ambos cónyuges. Ella es de apoyo si él participa en el grupo de varones de la iglesia, y él es de apoyo si ella quiere ser parte del coro. Es excelente si ambos cónyuges participan juntos en un estudio bíblico con otros. El enfoque aquí no es necesariamente el estar de acuerdo en cada detalle de creencia y doctrina pero que ustedes dos quieren crecer espiritualmente.

Intimidad física: la intimidad sexual es muy importante en el matrimonio. Sin embargo, para que lo físico sea significativo y satisfactorio, los otros cuatro aspectos de intimidad en la relación necesitan estar presentes con entusiasmo y vitalidad.

ESTUDIE Y COMPRENDA EL PLAN DE DIOS PARA EL MATRIMONIO

La intención de Dios es que todos nosotros vivamos vidas significativas y satisfechas. En el Antiguo Testamento leemos, "Porque yo sé muy bien los planes que tengo para ustedes —afirma el Señor—, planes de bienestar y no de calamidad, a fin de darles un futuro y una esperanza" (Jeremías 29:11). En el Nuevo Testamento Jesús dice: "El ladrón no viene más que a robar, matar y destruir; yo he venido para que tengan vida, y la tengan en abundancia" (Juan 10:10). Siempre funcione en suposición de que la intención de Dios para ustedes como pareja es de realización mutua, satisfacción, armonía y buena voluntad. Aquí hay algunas premisas bíblicas para el matrimonio:

Dios nos formó interdependientes. "Sin embargo, en el Señor, ni la mujer existe aparte del hombre ni el hombre aparte de la mujer. Porque así como la mujer procede del hombre, también el hombre nace de la mujer; pero todo proviene de Dios (1 Corintios 11:11-12). Nos necesitamos el uno al otro y complementarnos el uno al otro. "Luego Dios el Señor dijo: No es bueno que el hombre esté solo. Voy a hacerle una ayuda adecuada" (Génesis 2:18).

Los hombres son bendecidos por sus esposas y están para complacerlas, honrarlas y amarlas. "Quien halla esposa halla la felicidad: muestras de su favor le ha dado el Señor" (Proverbios 18:22). "Mujer ejemplar, ¿dónde se hallará? ¡Es más valiosa que las piedras preciosas! Su esposo confía plenamente en ella y no necesita de ganancias mal habidas. Ella le es fuente de bien, no de mal, todos los días de su vida" (Proverbios 31:10-12). "Ustedes esposos… tratando cada uno a su esposa con respeto" (1 Pedro 3:7). "Esposos, amen a sus esposas, así como Cristo amó a la iglesia y se entregó por ella" (Efesios 5:25).

Las mujeres son bendecidas por sus esposos y están para complacerles, honrarles y amarles. "Cuando habla, lo hace con sabiduría; cuando instruye, lo hace con amor. Está atenta a la marcha de su hogar, y el pan que come no es fruto del ocio. Sus hijos se levantan y la felicitan; también su esposo la alaba" (Proverbios 31:26-28). "La esposa respete a su esposo" (Efesios 5:33).

Las esposas y los esposos están para ver por los mejores intereses del otro. "No hagan nada por egoísmo o vanidad; más bien, con humildad consideren a los demás como superiores a ustedes mismos. Cada uno debe velar no sólo por sus propios intereses sino también por los intereses de los demás" (Filipenses 2:3-4). "En todo caso, cada uno de ustedes ame también a su esposa como a sí mismo, y que la esposa respete a su esposo" (Efesios 5:33). "Sométanse unos a otros, por reverencia a Cristo" (Efesios 5:21). "El hombre debe cumplir su deber conyugal con su esposa, e igualmente la mujer con su esposo. La mujer ya no tiene derecho sobre su propio cuerpo, sino su esposo. Tampoco el hombre tiene derecho sobre su propio cuerpo, sino su esposa. No se nieguen el uno al otro, a no ser de común acuerdo" (1 Corintios 7:3-5).

RECUERDE QUE EL MATRIMONIO ES DIFERENTE QUE LA AMISTAD

Muchas parejas experimentan un descenso decepcionante de intimidad sexual después del matrimonio y no toman los pasos necesarios para hacer una corrección. Lo que no se atiende y se evita con frecuencia crea insatisfacción, distancia y vulnerabilidad. Es la razón por la cual Shmuley Boteach, autor de numeroso libros acerca de relaciones matrimoniales, les dice a las parejas que el matrimonio es diferente de la amistad. Él enfatiza la importancia de la intimidad sexual en el matrimonio. Y señala, "el sexo, ciertamente, no es la única cosa importante en el matrimonio. Pero *es* lo que transforma una amistad en matrimonio. Ustedes no son marido y mujer cuando simplemente comparten una casa o un apartamento. A eso se le llama compañeros de cuarto. Tampoco son marido y mujer cuando ustedes solamente comparten una habitación. Eso podría ser todavía una amistad platónica. Ustedes son específicamente marido y mujer cuando comparten la *misma cama*, tienen relaciones sexuales, y llegan a ser *una misma carne*".

Boteach lamenta la tendencia creciente hacia el "celibato matrimonial" y advierte a las parejas de evitar ese camino en el matrimonio. "Una tendencia mayor en los Estados Unidos es la del celibato matrimonial. Esto está edificado en la idea de que ningún matrimonio puede en realidad preservar su pasión… simplemente enfocarse en las cosas verdaderamente importantes, como ir juntos a una galería de arte, discutir la música de Vivaldi, escuchar música, proveyendo a cada uno comodidad y seguridad, cocinar lasaña, discutir política, etc. *Pero estas son actividades que usted comparte con cualquier otra persona.* Eso no es matrimonio. Matrimonio es compartir una cama, y juntos llegar a estar orquestados emocional y especialmente físicamente, como una unidad indivisible".

Cuando usted empiece a experimentar la ausencia de dicha intimidad en su relación, comience hablando con su cónyuge acerca de eso, y juntos exploren maneras de realizar mejoras.

MEJORE SUS HABILIDADES DE EMPATÍA

Comparta las emociones de su cónyuge. Escuche cuidadosamente las palabras de su cónyuge y los sentimientos detrás de las palabras. Job suplicó a sus amigos, "Les ruego, por tanto, que me escuchen; yo también tengo algo que decirles" (Job 32:10). La intimidad siempre involucra a alguien quien habla y al otro que escucha. Estudios recientes de la Escuela Médica de Harvard revelan que las parejas que expresan más empatía y afecto son las que más permanecen juntas. Harville Hendrix, autor y consejero matrimonial, ofrece estas ideas para mejorar las habilidades de empatía:

Espejo. Cuando su cónyuge expresa sus sentimientos, demuéstrele que usted está escuchando al parafrasear lo que él o ella dijo. Inicie con: "Permíteme ver si entendí eso. Tú te sientes…"

Resista la urgencia de interrumpir. En vez de decir: "¿Ya terminaste?" trate con: "¿Hay algo más que eso?" Hendrix explica que esto muestra a su cónyuge que él o ella pueden sentir apertura y seguridad con usted.

Valide el punto de vista de su cónyuge. Termine con: "Me puedo imaginar que por causa de [llene este espacio con el asunto], te sientes enojada [triste, culpable, etc.]".

El precio a pagar por la falta de la habilidad de ser empático puede ser muy alta. Repetidos fracasos en escuchar y ser empático da como resultado un cónyuge sintiéndose abandonado y no amado. El no escuchar rápidamente se interpretará como una señal de falta de respeto y desinterés. Considere la siguiente situación desafortunada.

Un hombre escribe a un columnista consejero detallando su experiencia dolorosa. "Mi primer esposa y yo nos casamos inmediatamente después de la secundaria. Ella era la chica de mis sueños y yo me sentía extático". Poco tiempo después de la boda, el hombre heredó un negocio de la familia el cual demandaba una gran cantidad de su tiempo y energía emocional. "Cuando mi esposa tenía un problema, con mucha frecuencia estaba muy cansado para escucharla", escribe él. "Conforme ese patrón de no escuchar continuó, ella gradualmente se apartó de la relación. Después de seis años de matrimonio, ella encontró a alguien quien hizo de sus sentimientos una prioridad. El tomó el tiempo para escucharla". Tristemente el hombre y la chica de sus sueños se divorciaron. "Ahora tengo 28 años de edad y estoy casado por segunda vez. Todavía hay tiempos cuando me encuentro a mí mismo revirtiendo los hábitos antiguos, pero sé que tengo que hacer el esfuerzo de escuchar lo que ella tiene para decir, o también la perderé". La lección del fracaso de ese matrimonio es: *mejore sus habilidades de empatía; tome el tiempo para escuchar y después escuche a su cónyuge cuidadosamente y con respeto.*

LA AMABILIDAD ES UN INGREDIENTE VITAL EN EL MATRIMONIO

El romance nace y florece cuando hay una gran gama de acciones de atención demostrando amabilidad y consideración hacia su cónyuge. Si el romance ha sido descuidado o está ausente en su relación, comience inmediatamente por restaurarlo. Sin una amabilidad diaria, los matrimonios se marchitan como las plantas que no son regadas con regularidad. Es por eso que la Biblia presenta la amabilidad como una virtud suprema en un cónyuge. En Génesis 24, Abraham está preocupado por encontrar una buena esposa para su hijo Isaac. Abraham envía a su siervo de confianza, Eliezer, para encontrar la ayuda adecuada para Isaac. Eliezer sale para cumplir su misión y ofrece esta oración: "Señor, Dios de mi amo Abraham, te ruego que hoy me vaya bien" (Génesis 24:12). Además, él pide a Dios una señal divina que le dirija hacia la novia correcta: "Permite que la joven a quien le diga: "Por favor, baje usted su cántaro para que tome yo un poco de agua", y que me conteste: "Tome usted, y además les daré agua a sus camellos", sea la que tú has elegido para tu siervo Isaac" (Génesis 12:14). Poco tiempo después que esa oración fue ofrecida, Rebeca llegó al pozo y no solamente ofreció agua a Eliezer pero también le dio agua a sus camellos sedientos, una tarea muy demandante físicamente ya que un camello puede tomar hasta 75 litros de agua. El punto de la historia es este: Amabilidad es la característica que distinguió a Rebeca. Viendo a un extranjero sediento y a sus camellos sedientos, ella espontáneamente actuó para suplir sus necesidades. La antigua historia continua teniendo implicaciones para las relaciones de nuestros días, porque enfatiza la importancia de la amabilidad entre los cónyuges. Las parejas que se esfuerzan por tratarse el uno al otro con amabilidad tendrán relaciones que serán mutuamente satisfactorias y realizadas.

CREANDO JUNTOS TIEMPO DE ALTA CALIDAD

En lo agitado de estos días, un mundo ocupado, muchas parejas se sienten abrumadas por las responsabilidades diarias. Sin ni siquiera estar consientes de ello, pueden terminar viviendo vidas paralelas y desconectadas. Robert Stephan Cohen, un reconocido abogado de divorcios en la ciudad de Nueva York hace la siguiente observación: "Una pareja podrá vivir en la misma casa y compartir la misma cama, pero su comunicación podrá ser superficial. En realidad podrán pasar días sin que ellos hablen. Ya sea por lo ocupado de sus profesiones, la crianza de los hijos, o aun por los pasatiempos que consumen mucho tiempo, nunca hacen tiempo el uno para el otro". La estrategia que él recomienda para que las parejas eviten el escollo de las vidas paralelas es la de "hacer tiempo el uno para el otro escogiendo una noche a la semana para salir a una cita. Eso significa tiempo juntos, no llamadas telefónicas ni niños. También, no deje que pase un día sin tener una conversación, aunque sea por teléfono". Cohen recuerda de una pareja de profesionales quienes tenían muy poco tiempo libre, así que decidieron compartir parte de cada día paseando juntos a su perro. Ese sencillo cambio colocó de vuelta en la ruta correcta a su matrimonio.

Mantenga en mente que una cita en una noche no necesita ser una salida costosa. La meta es la de pasar tiempo juntos, no necesariamente gastar mucho dinero. Actividades no muy costosas podrían incluir cualquiera de lo siguiente:

- Llevar comida de un restaurante favorito y disfrutarla en el parque.
- Dar un paseo para disfrutar juntos la puesta del sol.
- Pasar la noche en una pista de patinaje o pista de hielo.
- Ver juntos una película preferida.
- Caminar a través de un centro comercial para ver las vidrieras y luego detenerse para tomar café.
- Ir a jugar golfito o boliche.

- Iniciar juntos un nuevo pasatiempos o deporte.
- Mandar a los hijos a visitar a los abuelos, u otros familiares, o amigos para que usted y su cónyuge puedan tener toda la noche para ustedes solos.
- Contratar de vez en cuando a una niñera con el único propósito de desocupar una noche y disfrutarla usted y su cónyuge como lo deseen.
- Si ambos están trabajando, consideren un almuerzo juntos.
- Visitar un museo local.
- Jugar a ser turista en su propia ciudad y visitar los lugares de interés.

Asegúrese de explicar a sus hijos que es importante que sus padres tengan un tiempo juntos a solas y que esto no significa que ellos sean menos importantes. Ayúdeles a comprender que la fortaleza de la familia surge cuando los padres tienen una relación sólida y estable.

Crear tiempo juntos de alta calidad es un ingrediente básico de la amistad. Las amistades profundas y perdurables prosperan y crecen cuando la gente invierte tiempo juntos. El tiempo de alta calidad le asegurará que ustedes permanecerán siendo como mejores amigos. Jeanette C. Lauer y Robert H. Lauer, autores de *Til Death Do Us Part (Hasta que la muerte nos separe)*, estudiaron a 351 parejas que estaban casadas por 15 años o más para determinar qué hace que el matrimonio no solamente sea perdurable sino también satisfactorio y feliz. De aquellos que respondieron, 300 parejas indicaron que eran muy felices en sus matrimonios. Se les pidió que seleccionaran 39 factores y los enlistaran en orden de importancia de lo que ellos consideraban que era lo que había contribuido a hacer su matrimonio perdurable y agradable. Aproximadamente el 90% de ambos, esposos y esposas, pusieron el mismo factor encabezando la lista: *Mi cónyuge es mi mejor amigo o amiga.*

ELIMINE LAS PELEAS, LA CULPA Y EL ABURRIMIENTO

Al apartarse las parejas, también caen en un patrón nocivo formado por tres palabras: *pelear, culpar y aburrir.* Estos son asesinos de la intimidad. Con un pequeño esfuerzo intencional y consistencia, este patrón puede ser roto y transformado. Cuando se encuentre a usted mismo discutiendo, simplemente deténgase. Disciplínese para escuchar más y hablar menos. Cuando hable, hágalo positivamente en vez de hacerlo negativamente. Cuando se encuentre que usted mismo está en un estado de ánimo de culpa, otra vez, simplemente deténgase. Recuérdese que la culpa es contraproducente. Señalar con los dedos y marcar las faltas no abre la puerta para una mejor relación. En vez de culpar, encuentre maneras de mejorar usted mismo y cómo se está relacionando con su cónyuge. Cuando sienta que su relación ha caído en una rutina y aburrimiento, entonces use eso como su alarma de despertador para tomar pasos que añadirán vitalidad y energía a la relación.

Considere la manera creativa y espontánea con la que una pareja le da sabor a su relación. Cuando llega el tiempo de planear las vacaciones, entonces van a su biblioteca local en dónde haya un globo terráqueo, de unos noventa centímetros de diámetro. Unos de ellos da un giro al globo mientras que el otro con los ojos cerrados señala en el globo. En donde quiera que el dedo caiga, es a donde van a ir de vacaciones. Hay algunas reglas que guían este proceso. Ubicaciones de océano pueden ser vacaciones en cruceros o barco. Se permite solamente una vacación en océano cada cuatro años. Si se escoge una localidad ya visitada, el que giro el globo escoge cualquier país vecino. Las zonas de guerra se omiten. No es necesario decir, esta pareja está añadiendo gran vitalidad a su matrimonio y, en el proceso, coleccionando maravillosas experiencias y memorias compartidas.

PRACTIQUE LA CONCIENCIA, LA ADMIRACIÓN Y EL RECONOCIMIENTO

Practicar la conciencia, la admiración y el reconocimiento es un consejo del psiquiatra Mark Goulston. En su libro *The 6 Secrets of a Lasting Relationship (6 Secretos Para una Relación Perdurable)*, él dice que las parejas deben incrementar su nivel de aprecio mutuo al practicar lo siguiente:

Conciencia: "Si usted está buscando cosas que son inaceptables, siempre las encontrará; si usted busca cosas por las cuales sentirse agradecido, también siempre las encontrará. Es asunto de escoger qué es lo que usted quiere buscar".

Admiración: "Su cónyuge quizá ha trabajado muy fuerte para desarrollar algunos de los rasgos que a usted le gustan. Tal vez tome un esfuerzo considerable y compromiso el vivir a la altura de ciertos valores o estándares de comportamiento. Tal vez requiera una buena cantidad de compromiso y sacrificio el hacerle a usted feliz o salvaguardar a su familia o preservar la dignidad de su relación. Estos esfuerzos son dignos de admiración".

Reconocimiento: "No guarde su apreciación para usted mismo. Exprésela a su cónyuge". Para realzar su apreciación por su cónyuge, el Dr. Goulston recuerda a las parejas de llegar a ser más intencionales acerca de esto al estudiar cuidadosamente las cualidades buenas que sus cónyuges traen a la relación. El hace notar que en muchas ocasiones las parejas realmente no entienden la presión que un cónyuge enfrenta o las demandas en su tiempo y energía. Para comprender mejor y apreciar a su cónyuge, el Dr. Goulston recomienda el hacerse a usted mismo preguntas tales como las siguientes:

¿Él o ella se sacrifican para mejorar nuestras vida juntos?

¿Él o ella se refrenan de decir o hacer ciertas cosas para mantener la paz en nuestra relación?

¿Él o ella trabaja fuerte para ser una mejor persona?

¿Qué compromisos él o ella hacen a favor de nuestra relación?

¿Qué es lo que él o ella tiene que tolerar para estar conmigo?

DEMUESTRE QUE USTED VERDADERAMENTE AMA Y QUIERE A SU CÓNYUGE

El 15 de noviembre de 1942, Louise Shimoff entusiasmadamente dijo: "Sí" a Marcus, su gallardo novio quien orgullosamente vestía un uniforme nuevo y formal del Ejercito de los Estados Unidos. Después de unos breves ocho meses, él fue llamado a servir en la Segunda Guerra Mundial, dirigiéndose a un destino desconocido en el Pacífico por un lapso de tiempo ignorado. Louise y su esposo no se verían otra vez por dos años y cuatro meses. Durante todo ese tiempo, ellos pudieron hablar por teléfono solamente en una ocasión.

Sin embargo, cuando se volvieron a reunir, fue un deleite para la pareja el descubrir que su amor y compromiso del uno para con el otro era tan fuerte y vibrante como siempre. El adhesivo que continuó uniendo su relación a pesar de la separación fue solamente una pequeña frase formada por tres importantes palabras: *Yo te amo.* A través de los días y noches interminables de aquellos años de guerra, Louise y su esposo se escribieron un total de 1,716 cartas. Algunos días no había mucho de que escribir, pero en cada una de las cartas esas tres palabras, *Yo te amo,* eran incluidas. Aquellas cartas y ese importante mensaje los mantuvo a ambos a través de la guerra.

Desde entonces, Louise y Marcus han celebrado más de 50 años felices de estar juntos. A través de su largo matrimonio, Louise y Marcus han continuado mostrando el uno al otro el mismo amor y devoción que caracterizó los primeros años de su matrimonio.

Es claro que, Louise y Marcus saben cómo practicar el delicado arte de permanecer enamorados. Su habilidad de hacerlo ha resultado en un matrimonio realizado y satisfactorio. Así como todas las parejas de matrimonios felices, ellos entienden que una relación es un organismo que vive y crece. Si es descuidado, se secará y morirá. Alimentado, continuamente rebosará y se renovará.

Evite, a cualquier precio, el asunto que algunas personas enfrentan, el dar por un hecho a su cónyuge y su matrimonio. Si esto comienza en su relación, entonces inmediatamente principie a otorgar los mismos cortejos y expresiones de amor que estaban presentes al inicio de la relación. La autora y médico Adeline Yen Mah ha estado casada con su esposo Bob por tres décadas. "Desde el principio, y a través de nuestro tiempo juntos, él ha sido comprensivo y honesto. En toda mi vida no he encontrado a nadie más cariñoso ni me he sentido tan amada", ella explica. Como una anestesióloga, con frecuencia le llaman al hospital para operaciones de emergencia las cuales son muy estresantes y frecuentemente duran toda la noche. "No importa a qué hora llegaba a casa, sin embargo, encontraba la cena lista y a mi esposo esperándome. Algunas veces, él estaba tan cansado que dormitaba mientras comíamos". La Dra. Yen

Mah recibe muchas invitaciones para dar conferencias y sin vacilar, Bob siempre le acompaña. "Por causa de él, estas ocasiones han llegado a ser mini vacaciones en vez de obligaciones estresantes", ella añade. "El reconocimiento de su presencia es increíblemente reconfortante y significa todo para mí. Cada día él me muestra expresiones de su amor".

CUBRA A SU CÓNYUGE CON ELOGIOS Y CUMPLIDOS

El amor prospera y se profundiza cuando los elogios están presentes. Solamente imagine cuán complacida se sentía Cindy Hensley McCain, esposa del senador de los Estados Unidos John McCain, cuando ella leyó las entusiastas palabras que él escribió en su libro *Worth Fighting For (Algo Digno de Pelear)*:

> Cindy y yo nos casamos el siguiente mayo (1980) y yo me he maravillado sobre mi buena fortuna desde entonces. Ella ha combinado mis bendiciones en muchas ocasiones, con el nacimiento de nuestra primer hija, Meghan, nuestros dos hijos, Jack y Jimmy, y la adopción de nuestra hija Bridget. Ella ha enriquecido mi vida más allá de lo que se pueda medir, haciendo de mis éxitos y derrotas de mucho menos consecuencia que la felicidad que hay en el hogar.

Siempre que note algo admirable o noble o amable en su cónyuge, coméntesero. Y recuerde de ofrecer elogios frente a otros. Los cumplidos recibidos cuando otros los pueden escuchar son doblemente complacientes. El elogio es luz solar verbal y hace que una relación florezca y crezca.

Otra persona que sabe cómo afirmar y elogiar a su cónyuge es el ex presidente de los Estados Unidos Jimmy Carter. Por supuesto, él automáticamente recibe una gran cantidad de atención. Sin embargo, él está presto para reconocer y elogiar las contribuciones de su esposa, Rosalynn. Su liderazgo a través del Centro Carter en Atlanta es "casi en su totalidad entre la gente pobre y más necesitada, en este país y otras naciones… Rosalynn es un socio completo para mí, y ella ha estado a cargo de nuestros esfuerzos en el campo de salud mental. Bajo su liderazgo, más de sesenta ex organizaciones no corporativas ahora se reúnen anualmente para compartir su ideas y metas en común". Es obvio, Jimmy Carter ve a su esposa con igualdad, y son compañeros de equipo en sus proyectos.

MANTENGA UN BALANCE DE SUS FUNCIONES COMO CÓNYUGE Y PADRE O MADRE

En su libro *Woman First: Family Always (La Mujer primero: La Familia Siempre)*, Kathryn Sansone escribe:

> Hoy en día es muy fácil que los padres sean absorbidos en las vidas de sus hijos. Desde el momento que los llevamos a casa, les ponemos su primer pañal, y les damos sus primeros biberones de leche, comenzamos a hacer nuestro mejor esfuerzo para suplir las necesidades y demandas de nuestros hijos. Mientras que estoy firmemente de acuerdo en ser un padre considerado y comprometido, también sé que si las parejas no ubican su relación en primer lugar (la mayoría del tiempo), entonces ninguna cantidad de devoción hacia sus hijos mantendrá su relación con vida.

Como uno más de diez hijos, Sansone sabe que "no es fácil el mantener un balance saludable entre pensar en nosotros mismos como cónyuges y como padres". Aun así, ella enfatiza la importancia del esposo y la esposa haciendo eso precisamente:

> El mejor regalo que usted puede dar a sus hijos es una relación de amor con su cónyuge. Cuando los hijos saben –y lo observan- que sus padres apartan tiempo uno para el otro, los hijos entienden que sus padres están comprometidos mutuamente. Ellos también saben que sus padres se aman uno al otro. A cambio, este amor entre sus padres hace sentir seguros a los hijos, permitiéndoles crecer sin dificultades, siguiendo sus propios y particulares destinos.

PROGRAME LA INTIMIDAD FÍSICA

Poner en el calendario las relaciones sexuales parecería falta de espontaneidad, sin embargo es una técnica que funciona para muchas parejas. Una mujer quien estaba viendo al consejero matrimonial vertió todas sus frustraciones matrimoniales. Ella quería más intimidad sexual de parte de su esposo, pero estaba agobiado con las responsabilidades de trabajo y con los hijos. "Como padres de cuatro hijos activos, difícilmente podemos encontrar tiempo para nosotros mismos en el dormitorio. Básicamente, hemos llegado a ser compañeros de cuarto, no amantes". Cuando el consejero sugirió que programaran su intimidad en su calendario, la mujer se rió, diciendo, "¡se supone que el sexo debe ser espontáneo, no programado!" Sin embargo, la mujer le contó a su esposo acerca de la sugerencia del consejero. Actuaron de acuerdo a ese consejo y ahora están restaurando exitosamente su intimidad en el matrimonio. Aún si usted concuerda de la manera que la mujer pensaba, que el sexo debe ser espontáneo y no programado, considere estos nueve beneficios de una intimidad programada:

1. Elimina el tener que pedir. Si uno de los cónyuges tiene un fuerte deseo sexual, y con más frecuencia ese cónyuge pide intimidad sexual. Puede poner el sentimiento en esa persona como si él o ella necesita o suplica por intimidad.

2. Quita el temor al rechazo. Cuando la intimidad es programada para un día o noche específica, el temor al rechazo se elimina. Una razón común porque muchas parejas dejan de disfrutar la intimidad sexual es por temor al rechazo.

3. Elimina el tener que adivinar. ¿Querrá ella también? ¿Estará él dispuesto? Un calendario remueve totalmente el tener que adivinar. Es un trato hecho.

4. Intensifica el deseo. De acuerdo a los psicólogos, el órgano sexual más fuerte es el cerebro. Cuando se programa una cita para intimidad sexual, el cerebro se involucra y prepara el resto del cuerpo para la actividad. Una vez que está en el calendario, viene a ser un recordatorio para comenzar a pensar acerca del sexo, preparando a los cónyuges para "estar de ánimo".

5. Selecciona el mejor tiempo. A ella les gusta tener relaciones sexuales antes de ir a dormir, pero él generalmente está muy cansado para ese momento. Esta pareja puede decidir que una vez a la semana programarán su intimidad física para el viernes

a las 8 p. m., un tiempo que funciona muy bien para ambos cónyuges.

6. Incrementa la participación. Programar la intimidad física la mantiene a la vanguardia en la relación. Ambos cónyuges ansiosamente anticipan ese tiempo juntos.

7. Recuerda a las parejas de prepararse físicamente. Una ducha con agua caliente, rasurarse, ponerse crema y perfume son maneras muy placenteras y relajantes para prepararse para la intimidad sexual.

8. Incrementa confianza. Cuando el esposo y la esposa hacen el compromiso, es algo que debe ser cumplido. Ambos cónyuges deben honrar el acuerdo, estar presentes y estar disponibles.

9. Da prioridad a la importancia de la intimidad. Nada es más importante que la fecha de la intimidad programada. Otras invitaciones son declinadas y el teléfono se queda sin contestar.

SIEMPRE SEA FLEXIBLE Y PACIENTE

Una relación es un organismo viviente, vital y cambiante. Esté preparado para ir con la corriente y los cambios que surgen a través del tiempo. "Los matrimonios no se hacen en el cielo. Son hechos a través de un periodo de años de sacrificio, consideración y trabajo", lo hace notar Fred Matheny, un escritor y esposo por tres décadas. "El asunto principal es que la gente cambia. Desarrollan diferentes agendas. Quieren hacer diferentes cosas, y usted tiene que acomodar esas diferencias dentro de la relación (en dónde usted vive, cuánto dinero gasta). Tienen que ser solucionadas. Tienen que comunicarse". La flexibilidad y paciencia trae como resultado recompensa matrimonial la cual es mutuamente benéfica.

Una mujer comparte el éxito que vino como resultado de su paciencia y flexibilidad. Su esposo no era expresivo emocionalmente. "No era el tipo de hombre que tocaba, ni abrazaba, ni era emotivo, sin embargo esto era algo que yo anhelaba profundamente", dijo ella. La mujer ejercitó la flexibilidad al permanecer en sus más altas expectativas mientras que por el otro lado le cubría verbalmente a él con "te amo", tocándolo, abrazándolo y besándolo aun a pesar que él se volteara. También practicó paciencia al continuar dándole lo que ella esperaba que le diera a cambio.

Valió la pena para ambos. Ella dijo, "mi esposo ha llegado a ser mucho más expresivo emocional y físicamente. Esto no fue fácil para él, siendo que tuvo una niñez difícil. Lo abandonaron cuando tenía ocho años de edad y a través de los años puesto en 14 diferentes hogares adoptivos. Yo sabía que para él era difícil el confiar en la gente y expresar su amor física y verbalmente. Aun así creía en 'nosotros' y permanecía paciente y consistente en mostrarle y decirle que él era importante y valioso para mí. El ha aprendido a mostrar y verbalizar su amor para mí así como a nuestros hijos a través de abrazos, besos y expresiones verbales".

Aproveche su fe para profundizar en su matrimonio

Una mujer habla de un sencillo experimento espiritual que ella dirige. Como muchas familias, la vida ha llegado a ser agitada, y ella se ha encontrado a sí misma envuelta en el trabajo, los hijos y el trabajo voluntario. Lo que se deslizó en su matrimonio fue el enfoque a lo espiritual. Ella decidió invertir cada día, por un mes, algunos minutos para orar específicamente por su esposo. No había ningún problema específico por el cual ella estuviera orando; simplemente quería ser de apoyo para las actividades de su esposo. Oró por su viaje al trabajo, por los encuentros con sus colegas y clientes, oró que Dios le bendijera a través del día. No le dijo a su esposo acerca de su experimento, pero interesantemente, él empezó a confiar más y más en ella, pidiéndole que orara acerca de situaciones que nunca antes él le había mencionado. Ella descubrió que su sencillo experimento en oración les acercó aún más.

La fe de la familia es un ingrediente vital para la felicidad y cercanía matrimonial. También es un valioso recurso para cuando los problemas surgen. El gran éxito de Alcohólicos Anónimos y otros programas de 12 pasos vienen del reconocer que hay un poder más alto y clamar por ayuda a ese poder. El mismo principio se aplica a los asuntos matrimoniales: las parejas quienes se acercan y buscan a Dios incrementarán su habilidad de enfrentar los desafíos, resolver los problemas y pasar de sentirse desamparado a ser ayudado. Si usted está enfrentando problemas en su relación o si pareciera desplomarse, trate de aplicar estos pasajes bíblicos para romper el estancamiento matrimonial:

Para cultivar mayor compasión, aplique Efesios 4:32: "Más bien, sean bondadosos y compasivos unos con otros, y perdónense mutuamente, así como Dios los perdonó a ustedes en Cristo".

Para ayudar a que el amor fluya más libremente, revise y actúe de acuerdo a 1 Corintios 13:4-8: "El amor es paciente, es bondadoso. El amor no es envidioso ni jactancioso ni orgulloso. No se comporta con rudeza, no es egoísta, no se enoja fácilmente, no guarda rencor. El amor no se deleita en la maldad sino que se regocija con la verdad. Todo lo disculpa, todo lo cree, todo lo espera, todo lo soporta. El amor jamás se extingue".

Cuando alguno de ustedes definitivamente está equivocado, siga el consejo de Santiago 5:16: "Por eso, confiésense unos a otros sus pecados, y oren unos por otros, para que sean sanados [ustedes o su relación]. La oración del justo es poderosa y eficaz".

Cuando se pide perdón, pero usted no se siente dispuesto, recuerde lo que Jesús le dijo a Pedro cuando éste le preguntó cuantas veces debemos perdonar: "No te digo que hasta siete veces, sino hasta setenta veces siete—le contestó Jesús—" (Mateo 18:22). Mantenga en mente que Jesús en realidad está diciendo que para perdonar debemos cultivar una capacidad ilimitada y sin reservas.

Cuando se enoje, deténgase y aplique el consejo de Santiago 1:19 "–Todos deben estar listos para escuchar, y ser lentos para hablar y para enojarse".

Si surge el resentimiento, considere el consejo que Pablo da a los esposos (e igualmente se aplica a las esposas) en Colosenses 3:19: "–Esposos, amen a sus esposas y no sean duros con ellas". Esposas, no olviden que este versículo aplica también a ustedes y fácilmente podría decirles a ustedes esposas, amen a sus esposos y no sean duras con ellos.

Cuando se sienta tentado a atacar verbalmente a su cónyuge, suavice sus emociones al recordar las palabras del Rey Salomón: "La respuesta amable calma el enojo, pero la agresiva echa leña al fuego.

La lengua de los sabios destila conocimiento; la boca de los necios escupe necedades (Proverbios 15:1-2).

Por supuesto, las parejas podrían prevenir muchos problemas y situaciones cuando su vida de fe es vital y compartida. Algunas maneras de hacer eso es leyendo juntos la Biblia, asistiendo como familia al servicio de adoración, orando por cada uno y orando juntos, otorgando perdón y aceptación, y apoyándose mutuamente para crecer y cambiar. Una fe mutua y metas espirituales comunes proveerán un fundamento sólido y estable para su relación, permitiendo hacer frente a los diferentes problemas y diferencias que pueden surgir de vez en cuando.

Finalmente, si el matrimonio está batallando y el camino se torna sinuoso, nunca ceda ante la desesperación. Al contrario, acérquese a Dios, buscando su dirección y ayuda. Recuerde que su pastor o un consejero cristiano pueden ayudarles a recobrar la intimidad que ustedes alguna vez abrigaron. Y escuchen la Palabra de Dios hablada por medio del profeta Jeremías en Jeremías 31:3-4: "Con amor eterno te he amado; por eso te sigo con fidelidad, *Te edificaré de nuevo; ¡sí, serás reedificada!*" (itálicas añadidas). Con Dios todas las cosas son posibles. Los matrimonios dañados pueden ser sanados.

Víctor M. Parachin es un ministro ordenado y ha servido como pastor en Washington, DC y Chicago, Illinois. Ha realizado ministerios interinos en Los Ángeles, California y Tulsa, Oklahoma. Actualmente es escritor a tiempo completo. Es autor de 10 libros y ha escrito numerosos artículos publicados en diarios y revistas nacionales y regionales.

Libros incluidos: *Ties That Bind: Remaining Happy as a Couple After the Wedding* (Chalice Press), *Healing Grief* (Chalice Press), *Grief Relief* (Chalice Press), *Daily Strength: One Year of Inspiration From the Bible* (Liguori Triumph Books).

7 Encuentre la intimidad espiritual en su matrimonio

JIM PETTITT y JEANETTE DOWNS PETTITT

"¡COMPARTIMOS TODO O NADA!" Superficialmente esta es una declaración confusa, pero muy cierta cuando se trata de intimidad espiritual en el matrimonio. Las parejas que disfrutan del mismo entretenimiento, viendo los mismos programas de televisión, comparten diariamente información acerca de sus trabajos, crían juntos a sus hijos, se ríen y lloran juntos, con frecuencia tienen dificultad de compartir juntos sus necesidades espirituales y anhelos.

La declaración previa es de una pareja que ha estado casada por 24 años. Ellos tienen tres hijos, asisten a la iglesia, proclaman una relación vital con Jesucristo y sirven fielmente en posiciones de liderazgo en la iglesia. Oran juntos de vez en cuando, tienen devocionales privados y verdaderamente disfrutan cuando adoran juntos en los servicios del domingo. Sin embargo, admiten que rara vez hablan acerca de sus reflexiones personales y de su peregrinaje espiritual. Él simplemente dice: "Yo veo los resultados de su espiritualidad, pero rara vez ella me deja entrar en dónde esa espiritualidad radica. Siento como si hubiera una parte completa de ella que está amurallada para mí, la cual ella no quiere compartir".

En las experiencias de consejería en mi oficina, he descubierto que esto es más una regla que una excepción. Nuestros peregrinajes espirituales son las áreas más privadas de la existencia y son expresiones del corazón de nuestro ser como creaciones de Dios. Precisamente por su importancia para lo que somos como personas, las discusiones de nuestra espiritualidad requieren un alto nivel de vulnerabilidad y la posibilidad de una herida profunda. En demasiados casos nos alejamos tímidamente de la discusión más profunda que podría unirnos más, y nos conformamos con una relación superficial en esta área tan importante y vital de nuestra vida matrimonial.

En Efesios 5 Pablo sugiere que la relación matrimonial podría ser un reflejo terrenal de la relación de Cristo con nosotros. Al discutir la relación de la esposa con su esposo, Pablo usa los términos "así como Cristo es cabeza de la iglesia" (v.23), y concerniente a la relación del esposo con su esposa una vez más dice "así como Cristo amó a la iglesia" (v.25). Cuando ese nivel de intimidad existe en la relación matrimonial, ninguna área en la vida se mantiene al margen. Todas las áreas son dadas a conocer por ambas partes y están bajo el liderazgo de Cristo. El versículo 31 subraya este nivel de intimidad al hacer referencia y eco a la relación de "un solo ser" mencionada en Génesis 2:24.

Para que nuestros matrimonios reflejen la intimidad que existe entre Cristo y la iglesia, debemos compartir con nuestro cónyuge lo más íntimo de lo que somos y lo que esperamos llegar a ser. La pregunta que surge es, ¿cómo puede mi matrimonio alcanzar ese punto?"

En nuestra búsqueda por la verdadera intimidad espiritual en nuestro matrimonio, primero miremos a las rocas esenciales y fundamentales sobre las cuales la intimidad espiritual está basada. Entonces procederemos a mirar a algunos de los rasgos y ejercicios que ayudarán a crear y mantener una intimidad espiritual en nuestra relación matrimonial.

ÉL ES MI SEÑOR

La intimidad espiritual en un matrimonio cristiano inicia cuando cada uno de los cónyuges hace un compromiso con Cristo. Este compromiso hacia Cristo nos hace un llamado a cada uno de nosotros a reconocer individualmente su liderazgo y su señorío sobre nuestras vidas. ¿Qué es lo que significa tener a Cristo como Señor? Cuando Cristo es el Señor, entonces todo lo que tenemos y todo lo que somos le pertenece a Él. Él es nuestro maestro, nuestro líder, nuestro Salvador.

En su carta a la iglesia de Roma, Pablo describe lo que él ve como nuestra respuesta al sacrificio de Cristo: "Por lo tanto, hermanos, tomando en cuenta la misericordia de Dios, les ruego que cada uno de ustedes, en adoración espiritual, ofrezca su cuerpo como sacrificio vivo, santo y agradable a Dios" (Romanos 12:1). La declaración de Pablo acerca del lugar que Dios debe tener en nuestras vidas deja muy poco lugar para negociar. Debemos considerarnos a nosotros mismo como de Él, desde nuestra cartera hasta nuestras arrugas. Sin embargo, esa no es toda la historia. Cristo no vino como Señor para tomar ventaja de nosotros. No, su amor por nosotros es su motivación. Jesús reveló sus intenciones en Juan 10:10 cuando declara: "Yo he venido para que tengan vida, y la tengan en abundancia".

Por lo tanto, cuando damos nuestro ser a Cristo, comenzamos un peregrinaje de por vida, en el cual recibiremos las bendiciones de Dios. Ese recorrido tendrá sus desafíos, sus alegrías, sus privaciones y sus victorias. Sin embargo, como hijos de Dios, nunca caminaremos solos. A dondequiera que vayamos estamos en la presencia del Espíritu Santo. La presencia del Espíritu Santo nos capacita para llegar a ser lo que necesitamos ser, para cumplir con el llamado de Dios en nuestras vidas y aún en la relación que tenemos con nuestro cónyuge.

En el tercer capítulo de Colosenses Pablo dice que, "como escogidos de Dios, santos y amados" (v.12), podemos llegar a ser personas que:

Están revestidas de mansedumbre, bondad, humildad y compasión (v.12).

Tienen la gracia para soportar todas las idiosincrasias únicas de aquellos que amamos y ofrecer perdón cuando sea necesario (v.13).

Tienen corazones que están regidos por la paz, la paz del mismo Señor (v.15).

Son guiados por la Palabra de Dios, la cual habita abundantemente en sus corazones (v.16).

Buscan su voluntad en todo lo que hacen, especialmente en su matrimonio (v.17).

La oración de Pablo por los primeros cristianos revela cuanta diferencia puede hacer en nuestra vida el tener a Cristo como Señor. Él ora por los cristianos en 1 Tesalonicenses 3:12: "Que el Señor los haga crecer para que se amen más y más unos a otros". También él ora en Colosenses 3:14: "Por encima de todo, vístanse de amor, que es el vínculo perfecto". Esa unidad es lo que las parejas buscan en el matrimonio. Esa unidad es posible cuando rendimos nuestro ser totalmente a Cristo como nuestro Señor.

ÉL ES NUESTRO SEÑOR

Una de las primeras cosas que una pareja reconoce cuando anhela más intimidad espiritual en su matrimonio es que aunque cada uno hizo un compromiso personal con Cristo, ese compromiso no se traduce automáticamente en una armonía espiritual matrimonial. Ellos piensan que una mujer cristiana más un hombres cristiano es igual a un matrimonio cristiano con todas las ventajas y privilegios. Desafortunadamente, ese no es el caso. Para que una pareja tenga un matrimonio cristiano, ellos tienen que poner su matrimonio bajo el señorío de Cristo. En la mayoría de los casos, eso requiere un acto intencional de compromiso con Dios y del uno al otro.

Tal compromiso queda bien ilustrado en Romanos 12:1. En este versículo leemos que debemos ofrecer nuestras vidas como sacrificio a Cristo. Debemos ser obedientes a su llamado, estar listos a sufrir por su causa, amar a otros así como Él nos amó a nosotros y vivir como Él nos llama a vivir. Cada una de estas acciones requiere una decisión consciente y voluntaria de parte de ambos cónyuges. Cuando se trata de hacer este ofrecimiento a Dios dentro de nuestro matrimonio, nos enfrentamos a varias preguntas:

¿Cómo puedo hablar por la otra persona?

¿Qué debemos hacer para que seamos obedientes como pareja?

¿Cómo cooperamos en este esfuerzo tan íntimo?

¿Dónde comenzamos?

Estas y otras preguntas serán tratadas en el desarrollo del capítulo. Iniciemos con un asunto que Pablo consideró como crucial.

Efesios 5:21 remarca uno de los elementos claves y necesarios para el desarrollo de la intimidad espiritual: sumisión mutua. Pablo escribe: "Sométanse unos a otros, por reverencia a Cristo". El concepto de sumisión en el matrimonio ha recibido mala fama, en algunos casos muy merecidamente. Muy a menudo los comentarios de Pablo sobre la sumisión son tomados fuera de contexto y describen el dominio de una persona sobre la otra. Esta concepción equivocada ignora su llamado original a la sumisión mutua (5:21) y llega a ser una discusión unilateral de la autoridad masculina. Esta definición distorsionada pierde el punto del pasaje de Efesios y hace una burla del señorío en su totalidad.

El concepto de sumisión en el Nuevo Testamento es difícil de comprender porque se opone abiertamente a la insistencia contemporánea de privacidad e individualismo. Las parejas han llegado a estar tan absortas en la búsqueda de sus propios "derechos" que les resulta difícil o imposible pensar en términos de *nosotros* en la relación. Muchos individuos casados están interesados en encontrar satisfacción personal, saciar necesidades individuales y mantener una autoidentidad. Con frecuencia ven todo aquello que los fuerza a ceder derechos y privilegios personales como el enemigo de su felicidad. Obtienen el valor de su relación al hacer preguntas tales como: "¿Qué puede hacer la otra persona para hacerme feliz?" o "¿qué estoy obteniendo de esta relación?" El enfoque está en lo individual y no en la asociación matrimonial.

Sin embargo, bajo el señorío de Cristo, cada persona es llamada a enfocarse en *otros*. El apóstol Pablo hace esto en Efesios 5 al hacer un llamado a la sumisión mutua. Sumisión mutua significa que ambos, esposo y esposa, deben ver la relación a través de los pensamientos, valores, necesidades y anhelos de la otra persona. Al hablar al marido, Pablo dice que él debe considerar las necesidades y anhelos de su esposa como si estos fueran los suyos propios. La esposa se someterá en la misma manera a las necesidades de su esposo, aprendiendo lo que él anhela y necesita, haciendo su mejor esfuerzo para satisfacerlo bajo el señorío de Cristo.

En esta actitud de sumisión mutua, cada cónyuge muestra un amor y respeto definitivo para con la otra persona. Cada uno sabe que él o ella es una persona valiosa, amada y protegida por su cónyuge. La sumisión mutua también lleva a la pareja a obedecer la Palabra de Dios, un paso crucial para traer su matrimonio bajo el señorío de Cristo.

La sumisión mutua cambia la manera en que nos relacionamos unos a otros como hijos de Dios, y muestra al mundo que nuestra relación es verdaderamente diferente. Cuando traemos nuestra relación a la obediencia de Dios, y el Espíritu Santo nos llena con toda la plenitud de Dios, vemos cambios significativos en la forma cómo nos hablamos, cómo reaccionamos hacia el otro, cómo buscamos comprendernos los unos a los otros, y cómo vivimos en una actitud de perdón de uno hacia el otro. Nada de esto podrá hacerse constantemente sin una sumisión santa a Dios y del uno al otro.

ÁREAS VITALES DE SUMISIÓN MUTUA

Conversación

Cuando nos sometemos al señorío de Cristo, también debemos traer la conversación bajo su dirección. De acuerdo a Pablo, Dios nos hará hablar uno al otro la verdad con amor. En Efesios 4:15 se nos dice "al vivir la verdad con amor". Bajo el señorío de Cristo, las parejas nunca herirán intencional y deliberadamente a la otra persona con sus palabras.

Herir a su esposa fue claramente el motivo del joven que se sentó frente a Jeanette y a mí una noche de consejería. Ambos, esposo y esposa estaban heridos por años de discusiones y dificultades matrimoniales. Sollozando, la joven compartió algo del dolor que ella había sufrido en la relación, algo de lo que él ni siquiera estaba consciente. Mientras ella hablaba, podíamos ver el enrojecimiento en el rostro de él hasta que parecía que iba a explotar, lo cual sucedió. Por los siguientes minutos él llenó el cuarto con acusaciones, infamaciones, insultos y por si fuera poco, también con algunas maldiciones. Al final de su ataque, lo selló con la declaración "solamente estoy diciendo la verdad".

De hecho, él *estaba* diciendo la verdad. A través de las siguientes sesiones vino a ser evidente que ella era responsable por las muchas heridas que él expresaba. Pero no había ningún amor al decir la verdad. El joven estaba usando la verdad como arma para herirla, controlarla y forzarla a ver qué tan mala era. Era la verdad envuelta en odio y fealdad y no podría ser vista como una imitación de Dios y de su amor redentor para nosotros. Él estaba actuando emocionalmente, atacando a su esposa por causa del dolor emocional que él había experimentado.

Las buenas noticias son que algunos meses más tarde él me confesó que había reconocido lo horrible y malvado del incidente al decir la verdad. Mientras que él había dicho la verdad, sabía que lo había hecho para ajustar cuentas con su esposa. Me compartió que al reflejar su respuesta emocional él había aprendido que necesitaba consagrar a Dios sus hábitos de conversación. Luego fue con su esposa y le pidió perdón. Más tarde en una sesión de consejería él expresó a su esposa el mismo dolor de una manera redentora y amorosa, y Dios trajo verdadera sanidad a su relación. Cuando ahora los veo, es difícil creer que sean la misma pareja.

En Efesios 4:29 se nos dice: "Eviten toda conversación obscena. Por el contrario, que sus palabras contribuyan a la necesaria edificación y sean de bendición para quienes escuchan". Aquí Pablo nos dice que nuestra conversación como cristianos bajo el señorío de Cristo debe edificar a la otra persona.

Aún la crítica puede ser hecha de una manera que anime a la otra persona. Jeanette, mi esposa, se acercó a mí no hace mucho tiempo, con estas palabras: "Necesitamos hablar". Empezó a hablar acerca de mi enseñanza en la clase de la Escuela Dominical con algunas palabras de elogio de parte de otros miembros de la clase, y me dijo cuánto disfrutaba de mi enseñanza y qué era lo que le gustaba más. Entonces, casi como algo extra, ella sugirió que yo estaba siendo más predicador que maestro, lo cual tendía a impedir mi verdadera capacidad para involucrar en la lección a los miembros de la clase. Para el momento que ella llegó a la crítica, yo me sentía como el maestro más grande del mundo (a pesar de saber que no lo soy). Y salí de la crítica con el mismo mensaje. ¡Qué manera tan amable de decir "estás hablando demasiado!"

El segundo principio que Pablo menciona es que cuando estamos criticando a otra persona, sus necesidades, no las nuestras deberían estar al centro de la conversación. Con mucha frecuencia el propósito de nuestra crítica es hacer que la otra persona actúe de la manera que nosotros queremos que él o ella actúe o que piense de la manera que nosotros queremos que él o ella piense. Sin embargo, nuestro primer interés debería ser el de animar a la persona comunicándole nuestra aceptación y amor por lo que él o ella es, aún cuando alguna mejora sea necesaria. Cuando la crítica demuestra esta actitud de amor y aceptación, entonces quien recibe la crítica está más propenso a aceptar la palabra de corrección y desafío.

En Romanos 14:19 Pablo, hablando acerca de cómo los cristianos maduros deberían hablar el uno al otro, sugiere que en nuestra conversación deberíamos esforzarnos por promover todo lo que conduzca a la paz y a la mutua edificación. En Mateo 12:36-37 Jesús advierte que tendremos que dar cuenta de toda palabra ociosa que hayamos pronunciado y que esas palabras representan nuestro verdadero carácter interno. Bajo el señorío de Cristo, nuestro objetivo siempre debería ser que las conversaciones con nuestro cónyuge sean amorosas y cordiales.

Tratando con nuestras emociones

Al relacionarnos uno al otro como esposo y esposa, usamos todo el margen de las emociones humanas. Estas emociones incluyen gozo, felicidad, deleite, euforia y muchas otras; también incluyen las emociones más dolorosas y sombrías tales como ira, frustración, dolor, decepción y temor. Ya que son las emociones más sombrías las que nos dan mayor desafío en la relación matrimonial, enfocaremos allí nuestra atención.

Con una mayor frecuencia, la emoción que nos da la dificultad más grande en nuestras relaciones y conversaciones es la ira. La ira puede ser comunicada e interpretada de múltiples maneras. Podemos estar enojados porque estamos lastimados, frustrados o decepcionados. Cuando nuestro cónyuge experimenta nuestro enojo, su respuesta inicial con frecuencia es ponerse a la defensiva. Como resultado, el asunto que debería haber sido el tópico de la conversación se pierde en la niebla emocional del momento. La energía que debió haberse usado para resolver el asunto es usada para disipar la ira.

Hacer comentarios que hacen pedazos a la otra persona es muy destructivo. Pensamos que nos sentiremos mejor si ganamos el conflicto verbal, pero la victoria dura poco y cuesta mucho.

Cuando se le permite a la ira arraigarse, esto puede guiar a lo que yo llamo "pecados de ira" lo que Pablo cataloga en Efesios 4:31. Mientras que la emoción inmediata o ira se disipan, la herida no. La herida se edifica sobre otra herida, la frustración sobre otra frustración, la decepción sobre otra decepción, construyendo una montaña de resentimiento. Cuando esto sucede, ya no respondemos con un simple enojo sino con explosiones de ira irrazonable la cual es audible e inaudible. Si la ira se mantiene por algún tiempo, puede llegar a ser resentimiento y amargura. Lo más triste acerca de la amargura es que viene de un corazón que ya no arde con la ira sino de un corazón que se ha tornado frío y calculador. El amor no tiene cabida en un ambiente contaminado como ese.

Pablo dice que no hay lugar para la ira no resuelta, en una relación que está bajo el señorío de Cristo. En Efesios 4:26 Pablo dice que nos podemos enojar (esta es una emoción dada por Dios), pero el enojo no debería llevarnos a pecar. En el versículo 31 él nos amonesta a quitarnos a nosotros mismos de todas aquellas cosas que vienen de la ira, tales como la amargura, enojo, gritos y calumnias acerca de la otra persona. A menudo, limpiarnos a nosotros mismos de la ira, no es hecho solamente por una simple transformación milagrosa. Más frecuentemente, liberarnos de los efectos negativos de la ira viene como resultado de un continuo compañerismo de nuestra voluntad con el Espíritu Santo.

Si usted ha estado acumulando años de ira no resuelta y ha desarrollado el hábito de responder a otros con ira, usted necesita buscar la ayuda de un pastor o consejero para ayudarle a establecer nuevos hábitos y destrezas que le permitan responder a su cónyuge con amor.

Saber controlar las emociones es una señal de madurez emocional y espiritual. La madurez requiere ambos, tiempo y esfuerzo. Este proceso de madurez podría llevar trabajo, pero el beneficio bien valdrá la pena, porque es uno de los senderos esenciales para la intimidad espiritual con su cónyuge.

COMPASIÓN Y PERDÓN

Otro elemento clave de la relación íntima es tratada por Pablo en Efesios 4:32 cuando expresa: "Más bien, sean bondadosos y compasivos unos con otros, y perdónense mutuamente, así como Dios los perdonó a ustedes en Cristo". Es a través del amor de Dios, su compasión y perdón que nosotros iniciamos nuestra relación con Él. La Biblia revela que Dios nos amó de tal manera que dio de sí mismo; invirtió de Él mismo en nuestras situaciones, entregando a su Hijo como la ofrenda por nuestro pecado. ¡Eso es compasión! Cuando principiamos a experimentar personalmente la compasión y el perdón de Dios, nuestra relación con Él llega a ser íntima.

Eso también es verdad en la relación matrimonial. La intimidad espiritual está basada en la inversión que el cónyuge hace hacia el otro. Cuando invertimos en suplir las necesidades de nuestro cónyuge, nuestra relación matrimonial florece en cada nivel.

¿Cuántas veces invertimos en nuestra relación con nuestro cónyuge al encontrarlo en su punto de necesidad? Cuando llegamos del trabajo a la casa, ¿vemos cómo podemos ayudar a aligerar la carga ayudando, o nos escapamos rápidamente a nuestro pasatiempo favorito o mirar la televisión? La compasión nos llama a interesarnos e involucrarnos personalmente en las necesidades de nuestro cónyuge.

La compasión también requiere que escuchemos a nuestro cónyuge y le comprendamos. Si deseamos tener un matrimonio íntimo, necesitaremos cambiar nuestra atención hacia nuestro cónyuge. Muy a menudo estamos tan envueltos en nuestras propias necesidades que raramente tenemos tiempo para considerar las necesidades de nuestro cónyuge. A veces nuestra negligencia es el resultado del egoísmo, o simplemente no tomamos el tiempo para escuchar.

Debemos poner nuestra empatía en acción. Empatía en acción es el fruto de la compasión.

Mientras que ejercitar compasión es crucialmente importante para desarrollar una intimidad espiritual en el matrimonio, también es esencial practicar el perdón. El matrimonio con certeza será interrumpido con fracasos, malos entendidos, momentos en los cuales no llegaremos a la meta. En esos momentos debemos practicar el perdón, buscar perdón cuando lo necesitamos y extender perdón cuando nos han hecho algún daño.

El perdón es el máximo compañero del amor y la compasión y la Escritura lo manda en Efesios 4:32. Jesús enseñó que el perdón de Dios está sujeto a nuestro propio perdón a otros. "Y cuando estén orando, si tienen algo contra alguien, perdónenlo, para que también su Padre que está en el cielo les perdone a ustedes sus pecados" (Marcos 11:25). Eso nos debería motivar a nosotros que somos lentos para perdonar a otros.

El perdón llega a ser muy difícil si hemos pasado años pendientes de cada error que nuestro cónyuge ha cometido y hemos permitido que estos se acumulen en nuestro corazón y mente. Una pareja con la que trabajé era extremadamente difícil de aconsejar porque se habían estado hiriendo mutuamente por más de 10 años. Siempre que se presentaba un asunto para discusión en nuestras sesiones de consejería, uno de ellos con ira recordaba una herida o decepción que hubiesen experimentado de parte de la otra persona. Cada discusión parecía explotar en un nuevo argumento. Aprendí a través de esas sesiones, que el resolver los asuntos rápidamente e ir hacia adelante es esencial para el bienestar matrimonial. Es casi imposible restaurar el bienestar matrimonial si los cónyuges han mantenido por 10, 20 o hasta 30 años errores sin resolver y sin perdonar.

Cuando estamos totalmente rendidos al señorío de Cristo, cedemos el derecho de estar en lo correcto y aprendemos a extender libremente el perdón. Para muchas parejas, aprender a perdonar es el primer paso para progresar en establecer intimidad espiritual. No podrá haber intimidad espiritual en donde no hay perdón.

El perdón dentro del matrimonio a menudo sigue una senda predecible. Primero, debemos reconocer la ofensa. Mencionarla ayuda a traer claridad al proceso y pavimenta una senda hacia la reconciliación. El simple proceso de reconocer el asunto y comunicarlo permite a ambos lados aceptar la responsabilidad por sus acciones y crear una estrategia de cómo prevenir un daño futuro.

Segundo, debemos practicar nuestras actitudes y acciones en armonía con nuestras declaraciones de perdón. Es común para nosotros ocasionalmente sentir un resurgimiento de ira hacia el área que hemos perdonado. Sin embargo, el perdón, como el amor, es un acto de voluntad y nuestros sentimientos de perdón y aceptación continuarán en el tiempo. También es sabio recordar que los actos de perdón son actos de obediencia y sumisión a Cristo. Perdonar a nuestro cónyuge traerá un sentido de victoria espiritual a nuestro corazón y mente, porque a través de nuestras acciones estamos cumpliendo el plan de Dios para nuestro matrimonio.

Finalmente, si buscamos una verdadera relación íntima con nuestro esposo o esposa, debemos ceder nuestro derecho a justicia. Isaías 66:16 dice: "Juzgará el Señor". Ese no es nuestro derecho. En nuestros matrimonios, debemos reflejar a Cristo y su relación con la iglesia. Eso significa que en lugar de justicia optamos por extender misericordia y gracia hacia la otra persona. Y esa extensión de misericordia y gracia fluye mejor de un corazón perdonado y perdonador.

Poner nuestro ser y nuestro matrimonio bajo el señorío de Cristo establece la plataforma para un creciente sentido de intimidad espiritual. Modelando nuestra relación como la de Cristo con la iglesia, le permite a nuestra propia relación madurar en una atmósfera de respeto, amabilidad, compasión, admiración y perdón. En esta atmósfera podemos principiar a compartir nuestro caminar en la vida espiritual mano a mano con nuestro cónyuge.

MATRIMONIO E INTIMIDAD ESPIRITUAL

Parecería ser que cuando nuestra relación está comprometida con Cristo y estamos viviendo en obediencia a su Palabra, la intimidad espiritual fluirá naturalmente. Sin embargo, en un mundo quebrantado y pecaminoso, compartir nuestros más íntimos pensamientos espirituales, no siempre es fácil. Aun cuando conscientemente traemos nuestro matrimonio a Cristo y le pedimos que Él sea la cabeza de nuestra relación, encontramos que construir intimidad espiritual dentro de nuestro matrimonio es un desafío. Con esto en mente, veamos lo que podemos hacer para desarrollar intimidad espiritual con nuestro cónyuge.

Aceptación incondicional

Dennis Rainey en su libro *Building Your Mates Self Esteem (Construyendo la Autoestima de su Cónyuge)* dice que el temor más grande que tenemos en nuestras relaciones es el temor al rechazo. Con eso en mente, es entendible por qué las parejas temen compartir mutuamente sus vidas espirituales.

Lisa creció en una familia en donde ningún sentimiento era sagrado, ni exento de crítica. Al inicio de su matrimonio John trataba de involucrarla en conversaciones concernientes a su relación con Dios. Como un hombre joven, él había soñado con momentos profundos compartiendo con su esposa el amor y las bendiciones de Dios. Lisa le escuchaba, pero cuando él trataba de que ella hablara, ella se retraía y quedaba callada rehusando contestar a sus preguntas. Finalmente llegó al punto que él aún cuestionaba si ella era cristiana, y principió a pensar que había cometido un error al casarse con ella. En desesperación, buscaron consejo de un terapeuta cristiano.

En una sesión Lisa pudo compartir lo que ella había experimentado en su familia. Conforme John escuchaba, él comenzó a comprender que ella tenía temor que él no aceptaría su espiritualidad como algo suficiente, y ella aún temía que él hiciera burla de cómo ella contemplaba a Dios y le adoraba. En la seguridad de la presencia del terapeuta, ella empezó a compartir con John pequeñas porciones de su caminar con Cristo, y experimentó su aceptación con un sentido de asombro y admiración.

Ya que sólo Dios puede leer el corazón y sabe quién le ama y quién no, nosotros necesitamos aceptar y validar la vida espiritual de nuestro cónyuge. Es peligroso asumir que porque la expresión espiritual de alguien es diferente a la nuestra, sea de alguna manera menos que la nuestra. Dios nos ha hecho únicos a cada uno de nosotros, y esa singularidad con frecuencia causa que reaccionemos a la vida y nos relacionemos con Dios de diferentes maneras.

En el libro de Gary L. Thomas *Sacred Pathways (Sendas Sagradas),* él indica que hay muchas maneras diferentes en que los individuos se relacionan con Dios. Nuestra personalidad, cultura, trasfondo y temperamento determinan la manera en que nos relacionamos con Él. Thomas dice, por ejemplo, que una persona podría sentirse más cerca a Dios al participar en los grandes rituales y tradiciones de la iglesia. Los rituales y tradiciones le dan un sentido del poder y santidad de Dios. Por el otro lado, alguien podría sentirse más cerca de Dios cuando está supliendo las necesidades espirituales y físicas de otros por medio del servicio. Otras maneras son la adoración, contemplación, naturaleza, estudio y compañerismo.

Rob y Terri son muy diferentes de John y Lisa. Ambos estaban dispuestos a compartir el uno con el otro acerca de cómo contemplaban a Dios y su caminar con Cristo. Rob nunca se sentía tan cerca de Dios como cuando estaba con otros cristianos. Se maravillaba de la presencia de Dios en los servicios de la iglesia, hablaba de asuntos religiosos con sus amigos y regresaba a casa de las actividades de la iglesia rejuvenecido y emocionado por causa de servir al Señor. Él notó que Terri no se sentía cómoda en grandes multitudes y con frecuencia se retiraba hacia una esquina del cuarto y tomando un buen libro cristiano o la Biblia y se perdía en ella. Él sintió que ella era reacia a involucrarse en las actividades de compañerismo y prefería quedarse en casa. Pronto ellos comenzaron a resentirse el uno con el otro. Rob sentía que Terri le estaba conteniendo espiritualmente porque a ella no le agradaba asistir a todas las actividades de compañerismo en la iglesia. Terri, por otro lado, sentía que Rob le estaba forzando a llegar a ser alguien que ella no era al pedirle que fuera a los eventos de la iglesia. Él le juzgó como menos espiritual porque ella no quería estar con otros cristianos; ella vio la espiritualidad de él como superficial y dependiente de otros.

Finalmente, después de una intensa discusión, ellos buscaron consejería de su pastor. Después de hacer un inventario de personalidad, descubrieron que Rob por naturaleza era extrovertido y

Terri era introvertida. Su pastor le ayudó a Rob a comprender que Terri necesitaba adorar a Dios a través de la lectura personal de la Palabra y la contemplación privada. Él ayudó a Terri a comprender que Rob necesitaba compañerismo con otros cristianos para crecer y permanecer espiritualmente conectado. Las sesiones les ayudaron a valorar sus diferencias y a respetarse mutuamente como individuos únicos.

La preferencia de una persona de comunicar y experimentar la presencia de Dios no es mejor que la de otra. Si nuestro deseo es llegar a ser compañeros del alma, necesitamos permitir a nuestro cónyuge ser quien Dios diseñó que fuera. La aceptación es crucial para desarrollar la intimidad espiritual. Cuando aceptamos su vida espiritual, le estamos ayudando a sentirse lo suficientemente confortable para compartir sus más íntimos pensamientos y sentimientos, y la intimidad espiritual vendrá después de esto.

Arriesgar

Nada podrá producir intimidad espiritual, a menos que estemos dispuestos a arriesgarnos a ser vulnerables. En algún momento de la vida debemos estar dispuestos y correr el riesgo de ser heridos o rechazados. Esto es especialmente verdad cuando estamos compartiendo información acerca de nuestra vida espiritual con nuestro cónyuge.

Jesús tomó riesgos significativos al compartir su vida y pensamientos con aquellos que eran importantes para Él. En muchas ocasiones le abrió su corazón a sus discípulos, solamente para sentirse decepcionado cuando ellos no captaron el punto o rechazaron la verdad que Él compartió. ¿Recuerdan cuando Él trató de compartir con sus discípulos su inminente muerte? Pedro rechazó el plan porque no coincidía con la idea de lo que Cristo debería ser. ¡Cómo debió haber lastimado eso a Jesús! ¡Saber que sus compañeros más cercanos, los discípulos, todavía no le comprendían o le aceptaban por quien Él era en realidad! Pero Jesús no se dio por vencido con ellos. Él sabía que el amor triunfaría y ellos eventualmente se darían cuenta de la verdad de sus palabras. Necesitamos tener la misma actitud al compartir de nosotros mismos con nuestro cónyuge.

Debemos correr el riesgo de compartir con nuestros seres amados. Abrirnos y ser vulnerables nos da la oportunidad de comprender y aceptarnos por quienes en realidad somos. No importa cuántas heridas pudiéramos haber experimentado de parte de otros, no importa cuántas veces hemos sido rechazados, si hemos de tener intimidad, relación espiritual con nuestro cónyuge, debemos estar dispuestos a arriesgarnos a compartir nuestra vida espiritual con ellos. Si su compartir ha sido malentendido o rechazado, intente de nuevo.

Disciplinas espirituales

Juan Wesley fue un campeón del metodismo, una senda disciplinada para el crecimiento espiritual. Pablo también nos diría que no podemos olvidar el punto central e importancia de las disciplinas espirituales. Colosenses 3:16 enlista tres disciplinas importantes que guían hacia el crecimiento espiritual: La Palabra de Cristo, la adoración y la oración. Estas actividades espirituales ayudan a las parejas cristianas a reconocer a Cristo como Señor de sus vidas.

Primero, la Palabra de Dios debe habitar en nosotros. Cuando estudiamos la Palabra de Dios juntos, ésta comienza a ser parte de nuestra relación. Y ya que somos compañeros espirituales, podemos guiarnos el uno al otro hacia el crecimiento espiritual. Hace algunos años, Jeanette, mi esposa, compartió conmigo la historia de la muerte por diabetes de su primer esposo. Me dijo que 1 Pedro 5:7 le sostuvo a ella y a su esposo a través de este tiempo de gran dolor y pérdida. Mientras veo el versículo a través del dolor y sufrimiento de ella, llego a una nueva apreciación de las palabras de Pedro: "Depositen en él toda ansiedad, porque él cuida de ustedes". A través de haber compartido conmigo, nuestros corazones se acercaron más que nunca antes. Las parejas casadas con frecuencia encuentran que esto es verdad cuando comparten juntos la Escritura.

Segundo, es importante que las parejas adoren juntas. Durante el servicio de adoración las parejas se pueden comunicar mutuamente, mientras Dios habla a través de los diferentes elementos del servicio. Durante una sesión de consejería, Tom compartió que con frecuencia durante el servicio, su esposa, Rita, estira su mano para tocar su brazo o mano o simplemente se acerca y le sonríe. Cuando él le preguntó por qué hacia eso, ella compartió que el canto o el punto en el mensaje le habían conmovido y que ella quería compartir ese momento con él. Pronto él se dio cuenta que al poner atención a esos momentos cuando ella particularmente se sentía conmovida, le enseñó lo que hacía a Rita ser bendecida espiritualmente. También él principió a comunicarle a Rita en una manera similar, y su tiempo de adoración comenzó a llevarles a ambos hacia un nuevo entendimiento de la vida espiritual de cada uno de ellos.

Tercero, debemos orar juntos como pareja. Con frecuencia se ha dicho que la oración es la conversación con Dios. Cuando oramos juntos como pareja, la oración viene a ser una conversación trilateral. Estamos comunicándonos no solamente con Dios pero también el uno con el otro.

Matt dice que le tomó tiempo llegar a sentirse cómodo al orar frente a su esposa. Después de muchas semanas de orar juntos, un día ella le dijo, "en verdad aprecio tu relación con Dios. Porque somos diferentes y respondemos espiritualmente diferente, algunas veces me pregunté qué tan cerca realmente estabas de Dios. Pero al orar juntos, empecé a darme cuenta que tienes una relación maravillosa y única con Cristo. Esto me ha ayudado a apreciar aún más nuestra propia relación".

Si una pareja quiere acelerar su crecimiento espiritual, deberían practicar el orar juntos. No hay mejor manera para entender el corazón de ambos que compartiendo en la oración. Y recuerde que Jesús prometió, "Porque donde dos o tres se reúnen en mi nombre, allí estoy yo en medio de ellos" (Mateo 18:20).

Mientras que no es recomendable crear moldes, como para cortar galletas, para el crecimiento espiritual, algunas disciplinas centrales deberían ser observadas por cada pareja. Observar estas disciplinas espirituales ayudará a cada pareja a madurar espiritualmente como esposo y esposa y traerá muchas oportunidades para la comunicación espiritual.

CONCLUSIÓN

Hemos aprendido que el señorío de Cristo y la intimidad espiritual en el matrimonio son inseparables y entremezclados. Usted no puede tener uno sin el otro. Poner la vida y la relación matrimonial bajo el señorío de Cristo, ayuda a crear una atmósfera de seguridad y confianza, algo esencial para la intimidad espiritual. Cuando nuestras auto revelaciones son tratadas con amabilidad y consideración, la confianza aumenta y la profundidad de nuestro compartir florece. Tanto más veamos a nuestro cónyuge a través de los ojos de la compasión, mejor podremos extender perdón por las heridas inevitables, las cuales son parte de las relaciones matrimoniales. También tenemos fe que la otra persona nos perdonará, así como nosotros la hemos perdonado. Aún cuando estemos molestos o en desacuerdo, podemos responder con amor y aceptación. Cada vez que salimos de la presencia de nuestro cónyuge sintiéndonos especiales y amados, se nos facilita permitirle vernos tal como somos.

Sharon me lo expresó elocuentemente en una sesión de consejería. "Cuando verdaderamente me siento desanimada y las cosas no están yendo bien, inmediatamente quiero encontrar a mi esposo y contárselo. Yo sé que cuando nuestra conversación haya terminado, mi espíritu se reanimará, me sentiré amada y mi mundo se tornará una vez más hacia el lado correcto. Siento que puedo contarle cualquier cosa acerca de mí y que eso será aceptado y valorado".

Una vez que hemos dedicado nuestro matrimonio a Cristo y nos hemos comprometido a nosotros mismos a ser semejantes a Cristo en nuestra relación, podemos aceptar la espiritualidad de la otra persona y arriesgar la vulnerabilidad que le permitirá a él o ella ver nuestra alma. Quizá esto es lo que realmente está en el corazón, llegar a ser lo que muchas parejas casadas buscan ser: "compañeros del alma".

Jim Pettitt actualmente es el coordinador de Ministerios de Vida Familiar para la Iglesia del Nazareno Internacional y profesor adjunto de psicología en la Universidad de la Comunidad del Condado Johnson en Kansas. Antes de tomar su responsabilidad actual, Jim enseñó cursos de cuidado pastoral y consejería en el Seminario Teológico Nazareno. Fue director del Centro Cristiano de Consejería de Wichita, y pastoreó iglesias nazarenas en Texas y Kansas, Estados Unidos. Es orador en retiros de hombres y seminarios de familia.

Jeanette Downs Pettitt es directora del Centro Vocacional de la Universidad Nazarena de MidAmerica y enseña en el programa para adultos. Jeanette ha enseñado inglés a nivel de escuela secundaria y la Universidad Nazarena de Olivet, y ha sido consejera profesional por muchos años. Es oradora en retiros de damas, seminarios de negocios y reuniones de motivación.

Jim y Jeanette viajan a través de los Estados Unidos dirigiendo seminarios y retiros de enriquecimiento matrimonial a nivel de distrito y local.

CPSIA information can be obtained
at www.ICGtesting.com
Printed in the USA
BVHW032136310321
603909BV00006B/100